Der glückliche Prinz

und andere Geschichten
aus Irland

Die Welt in Erzählungen

herausgegeben
von
Otto Anton Schmidt

Band 8

Der glückliche Prinz

und andere Geschichten
aus Irland

ERGON VERLAG

Der glückliche Prinz

und andere Geschichten
aus Irland

Übersetzungen von
Ruth und Otto Anton Schmidt

Illustrationen von
Gerhard Hainlein

ERGON VERLAG

Bibliografische Information der Deutschen Nationalbibliothek
Die Deutsche Nationalbibliothek verzeichnet diese Publikation
in der Deutschen Nationalbibliografie; detaillierte bibliografische Daten
sind im Internet über http://dnb.d-nb.de abrufbar.

Gedruckt auf alterungsbeständigem Papier.
Umschlaggestaltung: Jan von Hugo

www.ergon-verlag.de

ISSN 2192-5054
ISBN 978-3-89913-994-5

Inhalt

Der glückliche Prinz

Auf einer großen Säule hoch über der Stadt stand die Statue des glücklichen Prinzen. Er war über und über mit dünnen Blättchen feinen Goldes verkleidet, statt Augen hatte er zwei strahlende Saphire und ein großer roter Rubin leuchtete auf seinem Schwertgriff.

Er wurde wirklich sehr bewundert.

– *Er ist genauso schön wie ein Wetterhahn*, – bemerkte einer von den Stadträten, der sich wünschte für seinen Kunstgeschmack berühmt zu werden; – *nur nicht ganz so nützlich*, – fügte er hinzu, da er befürchte, dass die Leute ihn für unpraktisch hielten, was er wirklich nicht war.

– *Warum kannst Du nicht wie der Glückliche Prinz sein?* – fragte eine vernünftige Mutter ihren kleinen Jungen, der nach dem Mond verlangte. – *Der Glückliche Prinz denkt nicht im Traum daran, etwas Unmögliches zu verlangen.*
– *Ich bin froh, dass es auf der Welt jemand gibt, der ganz glücklich ist,* – murmelte ein enttäuschter Mann, als er das wunderschöne Standbild anschaute.
– *Er sieht wie ein Engel aus,* – sagten die Kinder der Caritasschule, als sie aus der Kathedrale in ihren leuchtendroten Kleidern und sauberen weißen Schürzen kamen.
– *Wie wollt Ihr das wissen?* – sagte der Mathematiklehrer, – *ihr habt doch noch nie einen gesehen!*
– *Aber ja, das haben wir, in unseren Träumen,* – antworteten die Kinder; und der Mathematiklehrer runzelte die Stirne und machte ein strenges Gesicht, denn er hielt nichts von Kinderträumen.

* * *

Eines Nachts flog ein kleiner Schwalberich über die Stadt. Seine Freunde waren vor sechs Wochen weggeflogen, doch er war zurück geblieben, denn er war verliebt in die wunderschöne Schilfrohrdame. Er hatte sie zu Frühjahrsanfang getroffen, als er flussabwärts hinter einer großen gelben Motte flog, und war von ihrer schlanker Taille so angezogen worden, dass er halt gemacht hatte, um sich mit ihr zu unterhalten.
– *Soll ich Dich lieben?* – sagte der Schwalberich, der die Dinge gern schnell auf den Punkt brachte, und die Schilfrohrdame machte vor ihm eine tiefe Verbeugung. So flog er ständig um sie herum, berührte das Wasser mit seinen Flügeln und machte kleine silberne Wellen. Das war sein Werben – und die Balz dauerte den ganzen Sommer hindurch.
– *Das ist eine lächerliche Zuneigung,* – zwitscherten die anderen Schwalben. – *Sie hat kein Geld, und viel zu viele Verwandte.* Und tatsächlich war der Fluss ziemlich voll von Schilfrohren. Dann, als der Herbst kam, flogen sie alle weg. Nachdem sie weg waren, fühlte er sich einsam und wurde allmählich seiner Geliebten überdrüssig.
– *Sie hat kein Talent zur Unterhaltung,* – sagte er, – *und leider ist sie kokett, denn sie flirtet immer mit dem Wind.* Und wirklich, immer wenn der Wind blies, machte die Schilfrohrdame äußerst graziöse Knickse.
– *Ich gebe zu, dass sie häuslich ist,* – fuhr er fort, – *doch ich liebe das Reisen und folglich sollte auch meine Frau gerne reisen.* Schließlich sagte er zu ihr: – *Möchtest Du mit mir kommen?* – aber die Schilfrohrdame schüttelte den Kopf, sie hing zu sehr an ihrem Heim.
– *Du hast mit mir Dein Spiel getrieben,* – schrie er. – *Ich fliege weg zu den Pyramiden, Auf Wiedersehen!* – und er flog weg.

Er flog den ganzen Tag lang und als die Nacht hereinbrach erreichte er die Stadt.

– *Wo soll ich mich niederlassen?* – sagte er. – *Ich hoffe, die Stadt hat Vorkehrungen getroffen.*

Da sah er die Statue auf der hohen Säule.

– *Ich will mich dort einrichten,* – rief er, – *die Lage ist schön, mit viel frischer Luft.*

So landete er gerade zwischen den Füßen des Glücklichen Prinzen.

– *Ich habe ein goldenes Schlafzimmer,* – sagte er leise zu sich selbst und machte sich zum Schlafen fertig; doch gerade als er den Kopf unter den Flügel steckte, fiel ein großer Wassertropfen auf ihn. – *Wie seltsam!* – rief er, – *da ist nicht eine einzige Wolke am Himmel, die Sterne sind ganz hell und klar, und doch regnet es. Das Klima in Nordeuropa ist wirklich grässlich. Die Schilfrohrdame pflegte den Regen zu mögen, aber das war lediglich ihr Egoismus.*

Da fiel ein weiterer Tropfen.

– *Wozu ist eine Statue nützlich, wenn sie nicht einmal den Regen abhalten kann?* – sagte er. – *Ich muss mich nach einer guten Schornsteinkappe umsehen.*

Und er beschloss wegzufliegen. Aber bevor er seine Flügel geöffnet hatte, fiel ein dritter Tropfen, und er schaute auf und sah – Ach! Was sah er? Die Augen des Glücklichen Prinzen waren voller Tränen, und Tränen rannen über seine goldenen Wangen. Sein Gesicht war so schön im Mondlicht, dass der kleine Schwalberich voller Mitleid war.

– *Wer bist Du?*- sagte er.

– *Ich bin der glückliche Prinz.*

– *Warum weinst Du dann?* – fragte der Schwalberich, – *Du hast mich ganz durchnässt.*

– *Als ich lebte und ein menschliches Herz hatte,* – antwortete die Statue, – *wusste ich nicht, was Tränen sind, denn ich lebte im Palast Sans-Souci, wohin die Sorge keinen Zutritt hat. Bei Tag spielte ich mit meinen Gefährten im Garten und am Abend führte ich den Tanz in der Großen Halle an. Um den Garten herum führte eine sehr hohe Mauer, doch es kam mir nicht in den Sinn zu fragen, was dahinter lag. Alles um mich herum war so schön. Meine Höflinge nannten mich den Glücklichen Prinzen und glücklich war ich auch – wenn Vergnügen gleichbedeutend mit Glück ist. So lebte ich und so starb ich. Und nun, da ich tot bin, hat man mich so hoch gesetzt, dass ich alle Hässlichkeit und all das Elend meiner Stadt sehen kann, und obwohl mein Herz aus Blei gemacht ist, bleibt mir keine andere Wahl als zu weinen.*

– *Was! Ist er nicht aus massivem Gold?* – sagte der Schwalberich zu sich selbst. Er war zu höflich, um eine persönliche Bemerkung laut zu machen.

– *Weit weg von hier,* – fuhr die Statue mit leiser melodischer Stimme fort, – *weit entfernt steht ein armseliges Haus in einer kleinen Straße. Eines der Fenster ist offen und durch es kann ich eine Frau an einem Tisch sitzen sehen. Ihr Gesicht ist dünn und abgehärmt und sie hat raue, rote Hände mit vielen Nadelstichen, denn sie ist Näherin. Sie stickt gerade*

Passionsblumen auf das Satingewand der reizendsten Hofdame der Königin für den nächsten Hofball. In einem Bett in der Zimmerecke liegt ihr kleiner kranker Sohn. Er hat Fieber und möchte Orangen bekommen. Seine Mutter hat für ihn nichts anderes als Flusswasser, deshalb weint er. Schwalbe, Schwalbe, kleiner Schwalberich, willst Du ihr nicht den Rubin aus meinem Schwertgriff bringen? Meine Füße sind auf diesem Sockel festgemacht und ich kann mich nicht bewegen.

– *Man wartet auf mich in Ägypten,* – sagte der Schwalberich. – *Meine Freunde fliegen gerade den Nil rauf und runter und unterhalten sich mit den großen Lotusblumen. Bald werden sie sich schlafen legen im Grab des großen Königs. Der König ist dort in seinem bemalten Sarg. Er ist in gelbes Leinen eingewickelt und mit Gewürzen einbalsamiert. Um seinen Hals ist eine Kette aus zartgrüner Jade und seine Hände sind wie welke Blätter.*

– *Schwalbe, Schwalbe, kleiner Schwalberich,* – sagte der Prinz, – *willst Du nicht eine Nacht bei mir bleiben und mein Bote sein? Der Bub ist so durstig und seine Mutter so traurig.*

– *Eigentlich mag ich Jungen überhaupt nicht,* – antwortete der Schwalberich. – *Als ich mich im letzten Sommer am Fluss aufhielt, waren da zwei unverschämte Buben, die Söhne des Müllers, die ständig Steine nach mir warfen. Natürlich trafen sie mich nicht, denn wir Schwalben fliegen dafür viel zu gut und außerdem komme ich aus einer Familie, die für ihre Behendigkeit berühmt ist, aber es war doch ein Zeichen von Respektlosigkeit.*

Doch der Glückliche Prinz machte ein so trauriges Gesicht, dass es dem Schwalberich leid tat. – *Es ist hier sehr kalt,* – sagte er, – *aber ich will eine Nacht bei Dir bleiben und Dein Bote sein.*

– *Danke, kleiner Schwalberich!* – sagte der Prinz.

Also pickte der Schwalberich den großartigen Rubin aus des Prinzen Schwert und flog mit ihm im Schnabel über die Dächer der Stadt. Er flog vorbei am Domturm, wo die Engel in weißen Marmor gehauen sind. Er kam am Palast vorbei und hörte Tanzmusik. Ein sehr schönes Mädchen trat auf den Balkon hinaus mit ihrem Liebhaber.

– *Wie wunderbar sind doch die Sterne,* – sagte er zu ihr, und: – *Wie wunderbar ist doch die Macht der Liebe!*

– *Ich hoffe, mein Kleid wird rechtzeitig zum Staatsball fertig,* – antwortete sie, – *ich habe Passionsblumen darauf sticken lassen; aber die Näherinnen sind ja so faul.*

Er flog über den Fluss und sah die Laternen an den Schiffsmasten hängen. Er flog über das Ghetto und sah, wie die alten Juden miteinander Geschäfte machten und Geld in Kupferwaagen wogen. Schließlich kam er zu dem armseligen Haus und schaute hinein. Der Junge warf sich fiebernd im Bett herum und die Mutter war eingeschlafen. Sie war so müde. Hinein hüpfte er und legte den großen Rubin auf den Tisch neben den Fingerhut der Frau. Dann hüpfte er leise um das Bett herum und fächelte mit seinen Flügeln Luft auf des Jungen Stirn.

– *Wie kühl fühl' ich mich!* – sagte der Junge, – *es muss mir besser gehen!* Und er sank in einen köstlichen Schlummer.

Dann flog der Schwalberich zurück zum Glücklichen Prinzen und erzählte ihm, was er getan hatte.

– *Es ist seltsam,* – bemerkte er, – *ich bin jetzt ganz warm, obwohl es so kalt ist.*

– *Weil Du eine gute Tat vollbracht hast, – daher kommt das!* – sagte der Prinz.

Und der kleine Schwalberich begann nachzudenken, und dann schlief er ein. Denken machte ihn immer schläfrig.

Als der Tag anbrach, flog er zum Fluss hinunter und nahm ein Bad.

– *Was für ein bemerkenswertes Phänomen!* – sagte der Professor für Vogelkunde, als er über die Brücke ging. – *Eine Schwalbe im Winter!* – und er schrieb einen langen Brief an die Lokalzeitung. Jeder zitierte daraus, er enthielt so viele Wörter, die man nicht verstehen konnte.

– *Heute Abend fliege ich nach Ägypten,* – sagte der Schwalberich, und diese Aussicht versetzte ihn in beste Laune. Er besuchte alle öffentlichen Denkmale und saß lange auf der Kirchturmspitze. Wo immer er hin kam zirpten die Spatzen und sagten: *Was für ein vornehmer Fremder!* – und das machte ihm richtig Spaß. Als der Mond aufging flog er zurück zum Glücklichen Prinzen.

– *Hast Du irgendwelche Aufträge für Ägypten?* – rief er, – *Ich starte jetzt gleich.*

– *Schwalbe, Schwalbe, kleiner Schwalberich,* – sagte der Prinz, – *willst Du nicht noch eine Nacht bei mir bleiben?*

– *Man wartet auf mich in Ägypten,* – antwortete der Schwalberich. – *Morgen werden meine Freunde zum zweiten Wasserfall hoch fliegen. Das Flusspferd kauert dort in den Binsen*

und auf einem großen Granithaus sitzt Gott Memnon. Die ganze Nacht lang beobachtet er die Sterne und wenn der Morgenstern aufleuchtet, stößt er einen Freudenschrei aus und dann ist er still. Zu Mittag kommen die gelben Löwen herunter an den Wasserrand zum Trinken. Sie haben Augen wie grüne Beryllsteine und ihr Brüllen übertönt den Wasserfall.

– *Schwalbe, Schwalbe, kleiner Schwalberich,* – sagte der Prinz, – *weit weg auf der anderen Seite der Stadt sehe ich einen jungen Mann in einer Dachkammer. Er ist über ein Pult gebeugt, das mit Papieren bedeckt ist, und in einem Glas neben ihm steht ein Strauß verwelkter Veilchen. Sein Haar ist braun und kraus. Und seine Lippen sind so rot wie Granatapfel, und er hat große, verträumte Augen. Er versucht, ein Stück für den Theaterdirektor fertigzuschreiben, aber er friert zu sehr, um weiter zu schreiben. Im Kamin ist kein Feuer und der Hunger hat ihn geschwächt.*

– *Ich werde bei Dir eine weitere Nacht abwarten,* – sagte der Schwalberich, der wirklich ein gutes Herz hatte, – *soll ich ihm einen weiteren Rubin bringen?*

– *Leider habe ich keinen Rubin mehr,* – sagte der Prinz. – *Alles was mir geblieben ist sind meine Augen. Sie sind aus seltenen Saphiren gemacht, die vor mehr als tausend Jahren aus*

Indien hergebracht worden sind. Pick einen davon heraus und bring ihn ihm. Er wird ihn an den Juwelier verkaufen und Brennholz kaufen und sein Theaterstück fertig schreiben.

– *Lieber Prinz*, – sagte der Schwalberich, – *das kann ich nicht machen*! – und er begann zu weinen.

– *Schwalbe, Schwalbe, kleiner Schwalberich*, – sagte der Prinz, – *tu', was ich Dir befehle!*

Also pickte der Schwalberich das Auge des Prinzen heraus und flog fort zur Mansarde des Studenten. Es war recht leicht, dort hineinzukommen, denn das Dach hatte ein Loch. Durch dieses flitzte er und gelangte in das Zimmer. Der junge Mann hatte den Kopf in die Hände vergraben, so dass er das Vogelgeflatter nicht hörte; als er aufschaute, fand er den wunderschönen Saphir auf den verwelkten Veilchen.

– *Ich werde so langsam geschätzt*, – rief er. – *Das ist von einem großen Bewunderer. Jetzt kann ich mein Stück fertig schreiben*, – und er machte ein ganz glückliches Gesicht.

* * *

Am nächsten Tag flog der Schwalberich zum Hafen hinunter. Er saß auf dem Mast eines großen Schiffs und beobachtete die Matrosen, die große Kisten aus dem Laderaum mit Seilen hochzogen. *Hebt ahoi!* brüllten sie jedes Mal, wenn eine Kiste hochkam.

– *Ich fliege nach Ägypten*, – rief der Schwalberich, doch niemand beachtete ihn; und als der Mond aufging flog er zurück zum Glücklichen Prinzen.

– *Ich bin gekommen, um mich zu verabschieden*, – rief er.

– *Schwalbe, Schwalbe, kleiner Schwalberich*, – sagte der Prinz, – *willst Du nicht noch eine Nacht bei mir bleiben?*

– *Es ist Winter*, – antwortete der Schwalberich, – *und der kalte Schnee wird bald hier sein. In Ägypten ist die Sonne warm auf den grünen Palmen und die Krokodile liegen im Schlamm und schauen träge um sich. Meine Gefährten bauen gerade ein Nest im Tempel von Baalbek und die rosa und weißen Tauben beobachten sie und gurren einander zu. Lieber Prinz, ich muss Dich verlassen, aber ich werde Dich niemals vergessen, und im nächsten Frühling werde ich Dir zwei wunderbare Juwelen zurück bringen, anstelle jener, die Du verschenkt hast. Der Rubin wird roter sein als eine rote Rose und der Saphir so blau wie das weite Meer.*

– *Auf dem Platz dort unten*, – sagte der Glückliche Prinz, – *steht ein kleines Mädchen mit Streichholzern. Sie hat ihre Zündhölzer in die Gosse fallen lassen und sie sind verdorben. Ihr Vater wird sie schlagen, wenn sie kein Geld nach Hause bringt, und sie weint. Sie hat weder Schuhe noch Strümpfe und nichts auf dem Kopf. Pick mein anderes Auge heraus und bring es ihr, und ihr Vater wird sie nicht schlagen.*

– *Ich will noch eine Nacht bei Dir bleiben*, – sagte der Schwalberich, – *doch ich kann Dein Auge nicht herausreißen. Du würdest dann völlig blind sein.*

– *Schwalbe, Schwalbe, kleiner Schwalberich,* – sagte der Prinz, – *tu', was ich Dir befehle!*

So pickte er auch das andere Auge des Prinzen heraus und flog damit schnell hinunter. Im Sturzflug begab er sich hinter dem Mädchen vorbei und ließ das Juwel in ihren Handteller fallen.

– *Was für ein herrliches Stück Glas!* – rief das Mädchen, und sie rannte lachend nach Hause. Dann kam der Schwalberich zum Prinzen zurück.

– *Du bist jetzt blind,* – sagte er, – *deshalb werde ich immer bei Dir bleiben.*

– *Nein, kleiner Schwalberich,* – sagte der arme Prinz, – *du musst nach Ägypten fliegen.*

– *Ich will immer bei Dir bleiben,* – sagte der Schwalberich, und er schlief zu des Prinzen Füßen.

Den ganzen nächsten Tag saß er auf des Prinzen Schulter und erzählte ihm Geschichten, was er in fremden Ländern gesehen hatte. Er erzählte ihm von den roten Ibissen, die in langen Reihen am Ufer des Nils stehen und mit ihren Schnäbeln Goldfische fangen. Er erzählte von der Sphinx, die so alt ist wie die Welt, in der Wüste lebt und alles weiß; von den Händlern, die langsam an der Seite ihrer Kamele gehen und in ihren Händen Bernsteinperlen tragen; vom König der Mondberge, der schwarz wie Ebenholz ist und einen großen Kristall verehrt; von der großen grünen Schlange, die in einer Palme schläft und zwanzig Priester hat, um sie mit Honigkuchen zu füttern; von den Pygmäen, die über einen weiten See auf großen flachen Blättern segeln und immer mit den Schmetterlingen Krieg führen.

– *Lieber kleiner Schwalberich,* – sagte der Prinz, – *du berichtest mir von außergewöhnlichen Dingen, aber außergewöhnlicher als irgendetwas ist das Leiden von Männern und Frauen. Es gibt nichts Rätselhaftes so groß wie das Elend. Flieg' über meine Stadt, kleiner Schwalberich, und erzähle mir, was du dort siehst.*

Also flog der Schwalberich über die große Stadt und sah die Reichen bei ihren Lustbarkeiten in ihren schönen Häusern, während die Bettler an den Toren saßen. Er flog in dunkle Gassen und sah die weißen Gesichter verhungernder Kinder, die teilnahmslos auf schwarze Straßen schauten. Unter einem Brückenbogen lagen sich zwei kleine Jungen in den Armen, um sich warm zu halten.

– *Wie hungrig sind wir!* – sagten sie.

– *Ihr dürft hier nicht liegen!* – brüllte der Nachtwächter, und sie gingen weg in den Regen.

Dann flog er zurück und berichtete dem Prinzen was er gesehen hatte.

– *Ich bin mit feinem Gold bedeckt,* – sagte der Prinz. – *Du musst es wegnehmen, Blatt um Blatt, und es den Armen geben; die Lebenden glauben ja immer, dass Gold sie glücklich machen kann.*

Blatt um Blatt des feinen Goldes pickte der Schwalberich ab, bis der Glückliche Prinz ganz glanzlos und grau aussah. Blatt um Blatt des feinen Goldes brachte er den Armen, und die Kindergesichter wurden rosiger, und sie lachten und spielten auf der Straße. – *Wir haben jetzt Brot!* – riefen sie.

Dann kam der Schnee und nach dem Schnee der Frost. Die Straßen sahen aus als wären sie aus Silber, so glänzend und glitzernd waren sie; lange Eiszapfen hingen wie Kristalldolche von den Dachrinnen. Alle Leute trugen Pelze und die kleinen Buben fuhren auf dem Eis Schlittschuh.

Der arme kleine Schwalberich wurde kälter und kälter, aber er wollte den Prinz nicht verlassen, er mochte ihn zu sehr. Er pickte Krümel vor der Bäckereitüre auf, wenn der Bäcker nicht hinsah, und versuchte sich durch Flügelschlagen warm zu halten. Aber schließlich wusste er, dass er sterben würde. Er hatte gerade noch genügend Kraft, um auf des Prinzen Schulter zu fliegen.

– *Leb wohl!* – murmelte er, – *darf ich Deine Hand küssen?*

– *Ich bin froh, dass Du endlich nach Ägypten gehst, kleiner Schwalberich. Du bist hier zu lange geblieben. Doch Du musst mich auf die Lippen küssen, denn ich liebe Dich.*

– *Ich gehe nicht nach Ägypten,* – sagte der Schwaberich, – *ich gehe in das Haus des Todes. Der Tod ist der Bruder des Schlafes, nicht wahr?*

Und er küsste den Glücklichen Prinzen auf die Lippen und fiel tot zu seinen Füßen. In diesem Augenblick ertönte ein seltsame Knacken im Innern der Statue, als ob etwas gebrochen wäre. Tatsächlich war das bleierne Herz in zwei Stücke zerbrochen. Es war aber auch ein schrecklich starker Frost.

* * *

Früh am nächsten Morgen ging der Bürgermeister mit den Ratsherren drunten über den Platz. Als sie an der Säule vorbeigingen, schaute er zur Statue hoch.

– *Du meine Güte! Wie schäbig der Glückliche Prinz doch aussieht!* – sagte er.

– *Tatsächlich, wie schäbig,* – riefen die Stadträte, die immer die Meinung des Bürgermeisters teilten, und sie stiegen hoch, um das Standbild anzusehen.

– *Der Rubin ist aus seinem Schwert gefallen, die Augen sind nicht mehr da, und er ist nicht mehr golden,* – sagte der Bürgermeister; – *tatsächlich ist er kaum besser als ein Bettler!*

– *Kaum besser als ein Bettler!* – sagten die Stadträte.

– *Und da liegt sogar noch ein toter Vogel zu seinen Füßen,* – fuhr der Bürgermeister fort. – *Wir müssen wirklich eine Bekanntmachung herausgeben, dass Vögel hier nicht sterben dürfen.* Und der Stadtschreiber notierte diese Anregung.

Daher wurde das Standbild des Glücklichen Prinzen abgerissen.

– *Da er nicht mehr schön ist, ist er nicht mehr nützlich,* – sagte der Kunstprofessor an der Universität.

Dann wurde die Statue in einem Schmelzofen eingeschmolzen und der Bürgermeister hielt eine Sitzung des Stadtrats ab, um zu entscheiden, was mit dem Metall geschehen solle.

– *Wir müssen natürlich ein neues Standbild bekommen,* – sagte er, – *es soll eine Statue sein, die mich darstellt.*

– *Mich darstellt,* – sagte jeder der Stadträte, und sie stritten sich. Nach allem, was ich zuletzt hörte, streiten sie sich immer noch.

* * *

– *Was für eine eigenartige Sache!* – sagte der Aufseher der Arbeiter in der Gießerei, – *Das zerbrochene Bleiherz will nicht im Ofen schmelzen. Wir müssen es wegwerfen.*

So warfen sie es auf den Müllhaufen, wo auch der tote Schwalberich lag.

* * *

– *Bring mir die zwei kostbarsten Dinge der Stadt!* – sagte Gott zu einem Seiner Engel, und der Engel bracht Ihm das bleierne Herz und den toten Vogel.
– *Du hast richtig gewählt,* – sagte Gott, – *denn in meinem Paradiesgarten soll dieser kleine Vogel auf ewig singen und in meiner goldenen Stadt soll der Glückliche Prinz mich lobpreisen.*

Oscar Wilde (1854–1900): *The Happy Prince.*

Der Millionär als Modell

Wenn man nicht reich ist, gibt es keinen Grund ein charmanter Bursche zu sein. Romantik ist das Privileg der Reichen, nicht der Beruf der Arbeitslosen. Die Armen sollten praktisch und nüchtern sein. Es ist besser, ein festes Einkommen zu haben als faszinierend zu sein. Das sind die großen Wahrheiten des modernen Lebens, die Hughie Erskine niemals realisierte. Der arme Hughie! Intellektuell – das müssen wir zugeben – war er nicht von großer Bedeutung. Niemals in seinem Leben sagte er etwas besonders Geistvolles oder sogar Boshaftes. Andererseits war er wunderbar gutaussehend, mit seinem krausem, braunen Haar, dem scharf geschnittenen Profil und den grauen Augen. Bei den Männern wie bei den Frauen war er gleichermaßen beliebt. Er besaß alle Fertigkeiten außer jener des Geldverdienens. Sein Vater hatte ihm sein Reiterschwert vermacht und eine *Geschichte des Kriegs Napoleons gegen die Spanier* in fünfzehn Bänden. Hughie hing ersteres über den Spiegel, stellte letzteres in ein Regal zwischen *Ruff's Guide* und *Baylie's Magazine* und lebte von zweihundert Pfund im Jahr, die eine alte Tante ihm gewährt hatte. Er hatte alles ausprobiert. Sechs Monate lang hatte er an der Börse gearbeitet: doch was sollte ein Schmetterling unter Stieren und Bären ausrichten? Etwas länger war er Teehändler gewesen, doch bald hatte er es satt, mit Pekoe und Souchong zu handeln. Dann hatte er versucht trockenen Sherry zu verkaufen, Das ging auch nicht, denn dieser Sherry war etwas zu trocken. Zu guter Letzt wurde er ein Nichtstuer: ein liebenswürdiger, erfolgloser junger Mann mit perfektem Profil und ohne Beruf.

Um die Sache noch schlimmer zu machen: er war verliebt. Das Mädchen, das er liebte, war Laura Merton, die Tochter eines pensionierten Obersten, der in Indien seine Gemütsruhe und seine Verdauung zurück gelassen hatte, und beides nicht wieder erlangt hatte. Laura betete ihn an und er war bereit, ihre Schnürsenkel zu küssen. Sie waren das schönste Paar in London und beide hatten keinen Penny. Der Oberst mochte Hughie sehr gerne, doch von einer Verlobung wollte er nichts wissen.

– *Komm' zu mir, mein Junge, wenn Du zehntausend Pfund eigenes Geld hast, und dann wollen wir uns damit befassen*, – pflegte er zu sagen, und Hughie war in jenen Tagen sehr niedergeschlagen und musste zu Laura gehen, um sich trösten zu lassen.

Eines Morgens, als er auf dem Weg zum Holland Park war, wo die Mertons wohnten, schaute er bei einem seiner besten Freunde vorbei, Alan Trevor. Trevor war Maler. Na ja, heutzutage kommen ja nur wenige Leute ohne dieses Gewerbe aus. Doch Trevor war auch Künstler, und Künstler sind ziemlich selten. Als Mensch war er ein eigenartiger, ungeschliffener Bursche, mit sommersprossigem Gesicht und rotem struppigem Bart. Wenn er jedoch den Pinsel in die Hand nahm war er ein echter Meister, und seine Bilder waren sehr gefragt. Hughie hatte auf ihn sehr anziehend gewirkt, zunächst – das muss gesagt werden – ganz und gar wegen seines persönlichen Charmes.

– *Die einzigen Leute, mit denen ein Maler verkehren sollte,* – pflegte er zu sahen, – *sind Leute, die dumm und gutaussehend sind, Leute, die ein Künstler mit Vergnügen betrachtet und die einem intellektuelle Erholung geben, wenn man mit ihnen redet.*

Aber nachdem er Hughie näher kennengelernt hatte, mochte er ihn genauso wegen seines strahlend heiteren Gemüts und seines großzügigen unbekümmerten Charakters, und er hatte ihm ständigen Zutritt zu seinem Atelier gewährt.

Als Hughie den Raum betrat, fand er Trevor gerade dabei, die letzten Tupfer auf ein wunderbares lebensgroßes Bild eines Bettlers zu setzen. Der Bettler selbst stand auf einem Podium in einer Ecke des Ateliers. Er war ein verhutzelter alter Mann mit einem Gesicht wie zerknittertes Pergament und einem äußerst Mitleid erregendem Gesicht. Über seiner Schulter hing ein grobgewebter brauner Umhang, ganz in Fetzen; seine dicken Stiefel waren schlecht geflickt, mit einer Hand stützte er sich auf einen groben Stock während die andere seinen zerbeulten Hut für Almosen hinhielt.

– *Was für ein erstaunliches Modell!* – flüsterte Hughie, als er seinem Freund die Hand gab.

– *Ein erstaunliches Modell!* – rief Trevor so laut wie er konnte. – *Das will ich meinen! Bettler von seiner Sorte trifft man nicht alle Tage! Eine trouvaille, mon cher, eine Entdeckung! Ein lebender Velazquez! Mein Glück! Was für eine Radierung hätte Rembrandt nach ihm gemacht!*

– *Der arme alte Kerl!* – sagte Hughie – *Wie elend er doch ausschaut! Ich nehme ja an, dass für euch Maler sein Gesicht sein Vermögen ist?*

– *Bestimmt,* – erwiderte Trevor, – *Du möchtest doch nicht, dass ein Bettler ein glückliches Gesicht macht, oder?*

– *Wie viel bekommt ein Modell für eine Sitzung?* – fragte Hughie und fand für sich einen bequemen Sitz auf einem Sofa.

– *Einen Schilling pro Stunde.*

– *Und wie viel bekommst Du für Dein Bild, Alan?*

– *Oh, für dieses bekomme ich zweitausend!*

– *Pfund?*

– *Nein, Guinees, Maler, Dichter und Ärzte bekommen immer Guinees, und eine Guinee ist gleich einem Wert von 21 Schilling.*

– *Na, da meine ich, dass das Modell einen Prozentsatz davon bekommen sollte,* – rief Hughie und lachte, – *Es arbeitet doch genau so schwer wie Du.*

– *Unsinn, Unsinn! Also, sieh nur mal welche Mühe allein der Farbauftrag macht. Und man steht den lieben langen Tag an der Staffelei. Du, Hughie, hast gut reden, doch ich versichere Dir, dass es Momente gibt, in denen die Kunst beinahe die Würde der Handarbeit erreicht. Doch, bitte, sei nicht so redselig, denn ich bin sehr beschäftigt. Rauch eine Zigarette und verhalte Dich still!*

Nach einiger Zeit kam ein Diener herein und sagte Trevor, dass der Rahmenmacher ihn zu sprechen wünsche.

– *Lauf nicht weg, Hughie,* – sagte er im Weggehen, – *Ich bin gleich wieder da.*

Der alte Bettler nutzte Trevors Abwesenheit, um sich ein wenig auf einer hölzernen Bank hinter ihm auszuruhen. Er sah so verloren und elend aus, dass Hughie einfach Mitleid mit ihm haben musste und in seinen Taschen nach Geld suchte. Alles was er finden konnte war ein 20-Schilling Sovereign und ein paar Kupfermünzen.

– *Der arme alte Kerl,* – dachte er bei sich, – *er braucht das Geld nötiger als ich, doch das bedeutet für mich, dass ich mir zwei Wochen lang keine zweirädrige Kutsche leisten kann.*

Und er ging quer durch das Atelier und ließ den Sovereign in die Hand des Bettlers gleiten. Der alte Mann fuhr zusammen und ein schwaches Lächeln huschte über seine welken Lippen.

– *Danke, mein Herr!*, sagte er, *Danke!*

Da kam Trevor zurück und Hughie verabschiedete sich, wobei er etwas rot wurde wegen seines Tuns. Er verbrachte den Tag bei Laura, bekam eine charmante Strafpredigt wegen seiner Verschwendungssucht und musste zu Fuß nach Hause gehen.

An jenem Abend schlenderte er gegen elf Uhr in den Palette Club und stieß auf Trevor, der allein im Rauchersalon saß und eine Weißweinschorle trank.

– *Na, Alan, hast Du das Bild gut fertig gekriegt?* – fragte er und zündete sich eine Zigarette an.

– *Fertig und gerahmt, mein Junge,* – antwortete Trevor, – *und – nebenbei bemerkt – Du hast eine Eroberung gemacht. Das alte Modell, das Du gesehen hast, ist von Dir ganz begeistert. Ich musste ihm alles über Dich erzählen – wer Du bist – wo Du wohnst – welches Einkommen Du hast – wie Deine Aussichten sind –.*

– *Mein lieber Alan,* – rief Hughie, – *wahrscheinlich finde ich ihn an meiner Haustüre, wenn ich heim gehe. Doch Du machst sicher nur Scherze! Der arme alte Kerl! Ich wollte ich könnte etwas für ihn tun! Es ist wirklich schrecklich, dass er so elend dran ist. Zu Hause habe ich eine Menge alter Kleider – glaubst Du, dass er vielleicht daran interessiert wäre? Schließlich waren seine Lumpen schon so zerfetzt!*

– *Aber er schaut doch prächtig darin aus,* – sagte Trevor, – *Ich würde ihn in keinem Fall in einem Gehrock malen. Was Du Lumpen nennst, bezeichne ich als romantische Kleidung. Was für Dich wie Armut aussieht, nenne ich pittoresk. Aber ich werde ihm von Deinem Angebot berichten.*

– *Alan,* – sagte Hughie ernst, – *ihr Maler seid eine herzlose Gesellschaft.*

– *Eines Künstlers Herz ist sein Kopf,* – entgegnete Trevor, – *und außerdem ist es unsere Aufgabe, die Welt wie wir sie sehen, wirklich darzustellen, und nicht die Welt, wie wir sie kennen, zu reformieren. A chacun son métier! Und jetzt erzähl' mir, wie es Laura geht. Das alte Modell war sehr an ihr interessiert.*

– *Du willst doch nicht sagen, dass Du mit ihm über Laura gesprochen hast?* – sagte Hughie.

– *Aber gewiss doch! Er weiß alles über den unerbittlichen Oberst, die liebliche Laura und die zehntausend Pfund.*

– *Du hast dem alten Bettler alles über meine privaten Angelegenheiten erzählt?* – rief Hughie, bekam ein rotes Gesicht und war sehr verärgert.

– *Mein lieber Junge,* – sagte Trevor lächelnd, – *jener alte Bettler – wie Du ihn nennst – ist einer der reichsten Männer in Europa. Er könnte morgen ganz London kaufen, ohne sein Konto zu überziehen. Er hat ein Haus in jeder Hauptstadt, speist von goldenen Tellern und kann – wenn er will – Russland daran hindern Krieg zu führen.*

– *Was meinst Du, um Himmelswillen?* – rief Hughie aus.

– *Was ich sage,* – sagte Trevor. – *Der alte Mann, den Du heute im Atelier gesehen hast, war Baron Hausberg. Er ist ein großer Freund von mir, kauft alle meine Bilder und ähnliches, und hat mich vor einem Monat beauftragt, ihn als Bettler zu malen. Que voulez-vous? La fantaisie d'un millionaire! und ich muss schon sagen, dass er in seinen Lumpen eine großartige Figur gemacht hat, oder sollte ich vielleicht sagen, in meinen Lumpen, denn das war ein alter Anzug, den ich in Spanien bekam.*

– *Baron Hausberg!* – rief Hughie. – *Du lieber Himmel! Ich hab' ihm einen Sovereign gegeben!* – und er sank in einen Sessel, ein Bild des Jammers.

– *Hast ihm einen Sovereign gegeben!* – brüllte Trevor und bekam einen Lachanfall. – *Mein lieber Junge, den wirst Du nicht mehr wieder sehen. Son affaire c'est l'argent des autres. Er macht sein Geschäft mit dem Geld der Anderen.*

– *Du hättest es mir aber auch sagen sollen,* – sagte Hughie mürrisch, – *und mich nicht so zum Narren machen lassen.*

– *Nun, zunächst ist es mir nicht in den Sinn gekommen, Hughie,* – sagte Trevor, – *dass Du umhergehst und Almosen in so unbekümmerter Weise verteilen würdest. Ich kann es verstehen, dass Du ein hübsches Modell küsst, aber einem hässlichen Alten einen Sovereign geben – Himmel Donnerwetter, nein! Überdies ist es Tatsache, dass ich heute für niemand zu sprechen war; als Du herein gekommen bist, wusste ich nicht, ob es Hausberg recht gewesen wäre, dass sein Name genannt werden würde. Du weißt ja, er war nicht ordentlich angezogen.*

– *Für was für einen Trottel muss er mich halten!* – sagte Hughie.

– *Überhaupt nicht! Er war bester Dinge, als Du weg gegangen bist, kicherte dauernd in sich hinein und rieb sich die alten verrunzelten Hände. Ich konnte nicht heraus bekommen, warum er so daran interessiert war, alles über Dich zu erfahren, doch jetzt ist mir alles klar. Er wird Deinen Sovereign für Dich anlegen, Dir alle sechs Monate die Zinsen zahlen und eine großartige Geschichte nach dem Dinner erzählen können.*

– *Ich bin ein vom Pech verfolgter Idiot,* – stöhnte Hughie. – *Das Beste, was ich tun kann, ist zu Bett zu gehen, und – mein lieber Alan – Du darfst es niemandem erzählen. Ich würde es sonst nicht wagen, mich noch einmal in der Öffentlichkeit zu zeigen.*

– *Unsinn! Dies ist der beste Beweis für Deine Menschenfreundlichkeit, Hughie. Lauf' nicht weg! Rauch noch eine Zigarette und dann kannst Du so viel wie Du willst über Laura sprechen.*

Doch Hughie wollte nicht bleiben, sondern ging sehr unglücklich nach Hause, während Trevor sich immer noch vor Lachen bog.

* * *

Am nächsten Morgen, als Hughie beim Frühstück saß, kam der Diener und brachte ihm eine Karte, auf der geschrieben stand: „Monsieur Gustave Naudin, de la part de M. le Baron Hausberg".

– *Ich nehme an, dass er wegen einer Entschuldigung gekommen ist,* – sagte Hughie zu sich, und er hieß den Diener, den Besucher hereinzuführen.

Ein vornehmer alter Herr, Brille mit Goldrand, graue Haare, betrat den Raum und sagte mit einem leichten französischen Akzent:

– *Habe ich die Ehre mit Monsieur Erskine zu sprechen?*

Hughie verbeugte sich.

– *Ich komme von Baron Hausberg,* – fuhr er fort. – *Der Baron...*

– *Ich bitte Sie, mein Herr, ihm meine aufrichtigsten Entschuldigungen zu übermitteln.*

– *Der Baron,* – sagte der alte Herr mit einem Lächeln, – *hat mich beauftragt, diesen Brief Ihnen zu bringen.* – Und er überreichte einen versiegelten Umschlag..

Auf der Außenseite stand geschrieben: „Ein Hochzeitsgeschenk für Hugh Erskine und Laura Merton." Und drinnen war ein Scheck über zehntausend Pfund.

* * *

Bei der Hochzeit war Alan Trevor Trauzeuge und der Baron hielt eine Rede beim Hochzeitsfrühstück.

– *Millionäre als Modelle,* – bemerkte Alan, – *sind selten genug, doch – bei Zeus! – Millionäre als Vorbild sind noch seltener!*

Oscar Wilde: *The Model Millionaire.*

Gulliver bei den Liliputanern

Nach einem Schiffsbruch erreicht der Schiffsarzt Gulliver als einziger Überlebender das Festland. Erschöpft schläft er neun Stunden. Beim Aufwachen bemerkt er, dass er sich nicht bewegen kann, da er an allen Gliedern festgebunden ist. Er stellt fest, dass er der Gefangene der Liliputaner ist. Diese, kleine sechs Zoll große Menschen, behandeln ihn freundlich. Er bekommt Essen und Trinken, wird ihrem Kaiser vorgestellt und schließlich in ihrem Tempel untergebracht, dem einzigen Gebäude, das groß genug für ihn ist. Er lernt auch ihre Sprache.

Meine Freundlichkeit und Wohlverhalten hatten mir Wohlwollen beim Kaiser und seinem Hof, ja sogar bei der Armee und den Leuten ganz allgemein eingetragen, so dass ich allmählich Hoffnung schöpfte, binnen kurzem wieder meine Freiheit zu erlangen. Ich wandte alle nur denkbaren Methoden an, um diese günstige Einstellung zu pflegen. Nach und nach befürchteten die Eingebornen immer weniger, dass von mir Gefahr ausgehen könnte. Gelegentlich legte ich mich hin und ließ fünf oder sechs auf meiner Hand tanzen. Schließlich wagten sich auch die Jungen und Mädchen zu mir und spielten Verstecken in meinem Haar. Auch hatte ich gute Fortschritte beim Erlernen ihrer Sprache gemacht.

Eines Tages kam es dem Kaiser in den Sinn, mich mit mehreren volkstümlichen Vorführungen zu unterhalten. In dieser Hinsicht sind sie allen mir bekannten Nationen an Geschicklichkeit und Prunk überlegen. Keine erfreute mich mehr als jene der Seiltänzer auf einem dünnen weißen Faden, ungefähr zwei Fuß quer gespannt und zwölf Zoll über dem Boden. Ich bitte den Leser um Geduld, um mir die Freiheit zu nehmen, mich darüber mehr auszulassen.

Diese Unterhaltung wird nur von Personen praktiziert, die sich um wichtigere Ämter und besondere Gunst bei Hofe bewerben. In dieser Kunst werden sie seit ihrer Jugend geübt, und nicht immer sind sie von adeliger Geburt oder haben gute Allgemeinbildung. Wird ein hohes Amt frei, entweder durch Tod oder unehrenhafte Entlassung (was oft geschieht), bewerben sich fünf oder sechs solcher Kandidaten beim Kaiser, um seine Majestät und den Hof mit einem Tanz auf dem Seil zu unterhalten, und wer am höchsten springt ohne zu stürzen, wird Nachfolger im Amt.

Sehr oft wird den wichtigsten Ministern befohlen, ihre Geschicklichkeit zu zeigen, auch um den Kaiser zu überzeugen, dass sie ihre Fähigkeiten nicht verloren haben. Flimnap[1], dem Finanzminister, wird es gestattet, auf dem gespannten Seil einen Luftsprung zu machen, der mindesten einen Zoll höher ist als jener irgendeines Adeligen im ganzen Reich. Ich habe gesehen, wie er einen mehrfachen Salto

1 Anspielung auf den englischen Politiker Sir Robert Walpole.

vollführte, auf einem auf dem Seil befestigten Tranchierbrett, und der Faden war nicht dicker als ein gewöhnlicher Packzwirn in England. Meinem Freund Reldresal, Staatsminister für Private Angelegenheiten, kommt meiner Meinung nach – wenn ich nicht parteiisch bin – der zweite Platz nach dem Finanzminister zu; die übrigen hohen Beamten sind in etwa alle gleich.

Diese Vergnügungen werden oft von unheilvollen Unglücken begleitet, wovon eine große Zahl aufgezeichnet ist. Ich selbst habe gesehen wie sich zwei oder drei Kandidaten Knochenbrüche zugezogen haben. Das Risiko ist jedoch noch viel größer, wenn den Ministern selbst befohlen wird, ihre Geschicklichkeit zu zeigen; denn bei dem Wettstreit, sich und ihre Kollegen auszuzeichnen, strengen sie sich so sehr an, dass es kaum einen gibt, der noch keinen Sturz erlitten hat, einige sogar zwei oder drei. Man hat mir versichert, das ein oder zwei Jahre vor meiner Ankunft, Flimnap sich todsicher das Genick gebrochen hätte, wenn nicht einige kaiserliche Sitzkissen, die zufällig auf dem Boden lagen, die Stärke seines Sturzes gemildert hätten.

In gleicher Weise gibt es eine weitere Unterhaltungsart, die nur bei besonderen Anlässen vor dem Kaiser, der Kaiserin und dem Premierminister vorgeführt wird. Der Kaiser legt auf den Tisch drei feine Seidenbändchen, jeweils sechs Zoll lang: eines ist blau, das andere rot und das dritte grün[2]. Diese Bänder bilden die Preise für jene Personen, die der Kaiser mit einem besonderen Zeichen seiner Gunst auszeichnen möchte. Diese Zeremonie findet im Audienzsalon des Kaisers statt, wo sich die Kandidaten einer Geschicklichkeitsprüfung unterziehen müssen, die sich von der ersten ganz unterscheidet und wie ich sie in ähnlicher Weise noch niemals in irgendeinem anderen Land der Alten wie der Neuen Welt gesehen habe. Der Kaiser hält in den Händen einen Stock, dessen Enden sich parallel zum Horizont befinden, während die nacheinander vorwärts gehenden Kandidaten manchmal über den Stock springen, manchmal rückwärts und vorwärts unter ihm durchkriechen müssen, je nachdem der Stock hoch oder niedrig gehalten wird. Manchmal hält der Kaiser ein Ende des Stocks und der Premierminister das andere; manchmal hat der Premierminister den ganzen Stock für sich. Wer seinen Part am beweglichsten erfüllt und am längsten beim Springen und Kriechen aushält, wird mit dem blauen Seidenband belohnt; das rote wird dem Folgenden gegeben, das grüne dem Dritten, und sie alle tragen die Bänder in der Mitte des Gürtels. Man sieht wenige hochstehende Persönlichkeiten an diesem Hof, die nicht mit einem dieser Gürtel geschmückt sind.

Da die Pferde der Armee und jene aus den Hofställen jeden Tag an mir vorbei geführt wurden, scheuten sie nicht mehr, und pflegten ohne sich aufzubäumen direkt an meine Füße zu kommen. Die Reiter ließen sie über meine Hand springen, die ich

2 Anspielung auf Hosenbandorden, Bathorden und Distel- bzw. Andreas-Orden.

auf den Boden legte, und einer der Jäger des Kaisers, übersprang auf einem großen Renner meinen Fuß, Schuh und sonstiges. Das war wirklich ein sagenhafter Sprung.

Ich hatte das Glück, eines Tages den Kaiser in sehr ungewöhnlicher Weise zu unterhalten. Ich verlangte, dass mir mehrere Stöcke gebracht werden sollten, jeder zwei Fuß hoch und so dick wie ein normaler Spazierstock, worauf seine Majestät dem Oberwaldmeister befahl, die entsprechenden Anweisungen zu geben. Am nächsten Morgen kamen sechs Holzfäller mit ebenso vielen Fahrzeugen, jedes von acht Pferden gezogen. Neun von diesen Stöcken nahm ich und befestigte sie tief im Boden, in einer viereckigen Figur im rechten Winkel. Ich nahm vier weitere Stöcke und band sie parallel an jeder Ecke, ungefähr zwei Fuß vom Boden entfernt; dann befestigte ich mein Taschentuch an den aufrecht stehenden neun Stöcken und dehnte es nach allen Seiten, bis es so straff wie ein Trommelfell war; und die vier parallel angeordneten Stöcke, die etwa fünf Zoll höher waren als das Taschentuch, dienten als Randleisten auf jeder Seite.

Als ich meine Arbeit beendet hatte, forderte ich den Kaiser auf, eine Truppe mit seinen besten Pferden, vierundzwanzig an der Zahl, kommen und auf dieser Fläche exerzieren zu lassen. Seine Majestät billigte diesen Vorschlag, und in einer meiner Hände hob ich sie einzeln hoch, ausgerüstet und mit Waffen, mit den entsprechenden Offizieren. Sobald sie in Feldordnung standen, teilten sie sich in zwei Partien, führten Scheingefechte durch, schossen stumpfe Pfeile ab, zogen die Schwerter, flohen und verfolgten, griffen an und zogen sich zurück, kurzum: zeigten die beste militärische Disziplin, die ich jemals gesehen hatte. Die parallelen Stöcke sicherten sie und ihre Pferde gegen einen Sturz über den Rand dieser Bühne und der Kaiser war von allem so entzückt, dass er befahl diese Unterhaltung an mehreren Tagen zu wiederholen .Einmal gefiel es ihm, hoch gehoben zu werden und das Kommando zu übernehmen. Und mit großer Mühe überredete er sogar die Kaiserin, dass ich sie in ihrer Sänfte zwei Yards von der Bühne entfernt halten durfte, von wo sie einen guten Überblick über die ganze Aufführung bekam.

Es war Glück, dass sich bei diesen Aufführungen keine schlimmen Unfälle ereigneten; nur einmal, als ein feuriges Pferd, das einem Hauptmann gehörte, mit seinem Huf ein Loch in mein Taschentuch schlug, ins Rutschen kam und so Reiter und sich selbst zu Boden riss. Aber ich kam sofort beiden zu Hilfe, deckte das Loch mit einer Hand ab, und setzte mit der anderen Hand die Truppe ab, so wie ich sie hochgehoben hatte. Das gestürzte Pferd verstauchte sich die linke Schulter, doch der Reiter kam ohne Schaden davon und ich reparierte mein Taschentuch nach bestem Vermögen, setzte jedoch bei derartigen gefährlichen Unternehmungen kein Vertrauen mehr in seine Festigkeit.

Ungefähr zwei oder drei Tage bevor ich in Freiheit gesetzt wurde, als ich den Hof mit Bravourstücken dieser Art unterhielt, traf eine Eilbotschaft ein, um seine Majestät zu unterrichten, dass einige seiner Untertanen, die hoch zu Ross in der Nähe der Stelle, wo man mich zuerst aufgefunden hatte, unterwegs waren, eine große schwarze Masse auf dem Boden liegen gesehen hatten, von sehr eigenartiger Form, deren Ränder um sie herum so breit wie das Schlafgemach seiner Majestät sei, und in der Mitte mannshoch; dass dies kein Lebewesen sei, wie sie zuerst befürchtet hätten, da es bewegungslos im Grass liege; dass einige von ihnen mehrere Male um es herum gegangen seien; dass sie auf die obere flache Ebene gekommen seien, indem einer sich auf die Schultern des anderen stellte; dass sie trampelnd festgestellt hatten, dass es innen hohl war; dass sie demütig meinten, dass es etwas sei, was dem Mannesberg gehörte; falls es seiner Majestät gefiele, würden sie es mit nur fünf Pferden herbeibringen.

Ich erkannte sofort, was sie meinten, und war im Herzen froh, diese Nachricht zu erhalten. Es scheint, dass, als ich nach dem Schiffsbruch das Ufer erreichte, ich so verwirrt war, dass mein Hut heruntergefallen war, nachdem ich Land erreichte. Ich hatte ihn mit einer Schnur am Kopf befestigt, während ich ruderte und auch während des Schwimmens ihn festgehalten. Die Schnur war wohl durch irgendetwas gerissen, ohne dass ich es bemerkte. So dachte ich, den Hut im Meer verloren zu haben.

Ich bat seine kaiserliche Hoheit, ihn so bald wie möglich mir bringen zu lassen, und schilderte ihm Zweck und Beschaffenheit. Am nächsten Tag kamen die Fuhrleute mit ihm, doch war er nicht in gutem Zustand; denn man hatte zwei Löcher in die Krempe gebohrt, etwa eineinhalb Zoll vom Rand entfernt, und in den Löchern zwei Haken befestigt, die mit einem langen Seil mit dem Pferdegeschirr verbunden wurden. So wurde mein Hut über eine Strecke von ungefähr einer halben englischen Meile geschleift, aber da der Boden eben und glatt war, wurde er weniger beschädigt als ich befürchtet hatte.

Ich hatte so viele Denk- und Bittschriften für meine Freilassung vorgelegt, dass Seine Majestät schließlich die Sache zunächst im Kabinett zur Sprache brachte, dann vor den gesamten Staatsrat, wo niemand opponierte außer Skyresh Bolgolam, dem es gefiel – ohne irgendeine Provokation – mein erbitterter Gegner zu sein. Doch ging der Antrag mit den Stimmen aller anderen durch und wurde vom Kaiser bestätigt. Dieser Minister war Galbet, d.h. Reichsgroßadmiral, genoss das volle Vertrauen seines Herrn und war in allen Verwaltungsangelegenheiten sehr wohl bewandert, besaß jedoch eine mürrische und säuerliche Veranlagung. Schließlich wurde er überredet zuzustimmen, setzte jedoch durch, dass die Verfügungen und Bedingungen für meine Freilassung, auf die ich einen Eid leisten sollte, von

mir selbst formuliert werden mussten. Diese Verfügungen wurden mir dann von Skyresh Bolgolam persönlich in Begleitung von zwei Staatsekretären und mehreren Vornehmen überbracht.

Nachdem sie vorgelesen worden waren, wurde ich aufgefordert, ihre Durchführung zu beschwören, erst nach der Art meines Landes, dann nach der in ihren Gesetzen vorgeschriebenen Methode, nämlich: meinen rechten Fuß in meiner linken Hand halten, den Mittelfinger meiner rechten Hand auf den Scheitel meines Kopfs legen und meinen Daumen auf das rechte Ohrläppchen. Aber da der Leser vielleicht begierig ist, eine Vorstellung von dem Stil und der diesem Volk eigenen Ausdrucksweise zu bekommen und auch die Artikel zu erfahren, denen zufolge ich meine Freiheit erlangte, habe ich eine wortwörtliche Übersetzung des ganzen Dokuments nach bestem Vermögen gefertigt, welche ich hier der Allgemeinheit biete:

„GOLBASTO NONAREN EVLAME GURBILO SHEFIN MULLY ULLY GLUE, mächtigster Kaiser von Liliput, Entzücken und Schrecken des Universums, dessen Besitzungen sich über fünftausend Blustrugs (etwa zwölf Meilen im Umfang) bis zu den Enden des Globus erstrecken; Monarch aller Monarchen, größer als die Söhne von Menschen; dessen Füße zum Mittelpunkt hinunter drücken und dessen Haupt an die Sonne stößt; auf dessen Wink die Knie der Fürsten der Erde zittern; freundlich wie der Frühling, wohltuend wie der Sommer, fruchtbringend wie der Herbst, furchtbar wie der Winter. Seine erhabenste Majestät schlägt dem jüngst in unseren himmlischen Besitztümern eingetroffenen Mannesberg die folgenden Artikel vor, zu deren Einhaltung er sich mit einem feierlichen Eid verpflichtet:

1. Der Mannesberg darf nicht unsere Besitzungen ohne unsere Erlaubnis unter dem Großsiegel verlassen.
2. Er darf sich nicht anmaßen, in unsere Metropole ohne unsere ausdrückliche Aufforderung zu kommen; zu welchem Zeitpunkt den Bewohnern eine Vorwarnung von zwei Stunden zu geben ist, um in ihren Häusern zu bleiben.
3. Besagter Mannesberg hat seine Gänge auf unsere Hauptstraßen zu beschränken und darf nicht Anstalten machen, in eine Wiese oder Getreidefeld zu gehen oder sich hinzulegen.
4. Beim Gehen auf besagten Straßen hat er äußerste Sorgfalt obwalten zu lassen, auf dass er nicht auf die Körper irgendeines meiner liebenden Untertanen trample, deren Pferde oder Kutschen, noch einen unserer Untertanen in seine Hand zu nehmen ohne dessen eigene Zustimmung.
5. Wenn eine eilige Sache eine außergewöhnliche Zustellung erfordert, ist der Mannesberg verpflichtet, den Boten samt Pferd einmal in jedem Mond in seiner

Jackentasche auf eine Sechstagereise zu tragen, und – falls notwendig – den besagten Boten sicher in unsere kaiserliche Gegenwart zurück zu bringen.

6. Er hat unser Verbündeter gegen unsere Feinde auf der Insel Blefuscu[3] (3) zu sein, und nach besten Kräften tätig sein, um deren Flotte zu zerstören, die gerade eine Invasion bei uns vorbereitet.
7. Besagter Mannesberg hat in seiner freien Zeit unseren Arbeitern Hilfe zu leisten, um gewisse große Steine für die Abdeckung der Mauer in unserem Hauptpark und in anderen unserer kaiserlichen Gebäude zu bewegen.
8. Besagter Mannesberg hat innerhalb einer Frist von zwei Monden, eine genaue Aufstellung über den Umfang unserer Besitzungen zu liefern, durch eine Berechnung seiner eigenen Schritte um die Küste herum.

Schließlich, nach feierlicher Eidesleistung zur Einhaltung vorstehender Artikel, erhält besagter Mannesberg eine tägliche Zuwendung an Fleisch und Trank, die für den Unterhalt von 1728 unserer Untertanen ausreicht, dazu freier Zugang zu unserer kaiserlichen Person und andere Zeichen unserer Gunst.

Gegeben in unserem Palast von Belfaborac, am zwölften Tag des einundneunzigsten Monds unserer Herrschaft."

Ich leistete den Eid und unterschrieb diese Artikel mit großer Freude und Zufriedenheit, obwohl einige nicht so ehrenhaft waren wie ich hätte wünschen können, was ganz der Bosheit des Großadmirals Skyresh Bolgolam zuzuschreiben war. Daraufhin wurden meine Ketten sofort entfernt und ich war in voller Freiheit. Der Kaiser persönlich erwies mir die Ehre, während der ganzen Zeremonie anwesend zu sein. Ich stattete meinen Dank ab, indem ich mich zu Füßen seiner Majestät warf, doch er befahl mir mich zu erheben Und nach vielen huldvollen Äußerungen, die ich nicht wiederholen werde, um den Tadel der Eitelkeit zu vermeiden, fügte er hinzu, er hoffe, dass ich mich als nützlicher Diener erweisen und sehr wohl die vielen Gefälligkeiten verdienen würde, die er mir bereits erwiesen habe oder in Zukunft erweisen würde.

Der Leser möge bitte anmerken, dass im letzten Artikel für die Wiedererlangung meiner Freiheit der Kaiser festsetzte, dass mir eine Menge an Fleisch und Trank zugestanden werden solle, die für den Unterhalt von 1728 Liliputanern ausreichte.

Als ich einige Zeit später einen Freund bei Hofe fragte, wie man dazu gekommen sei, eine bestimmte Zahl festzusetzen, sagte er mir, dass die Mathematiker seiner Majestät, nachdem sie mit Hilfe eines Quadranten die Höhe meines Körpers festgestellt hatten, zu dem Schluss gekommen seien, auf Grund der Ähnlichkeit ihrer Körper, dass meiner mindestens das 1728-fache der ihrigen enthalten müsse, und

3 Frankreich.

folglich so viel Nahrung bekommen müsse, wie für den Unterhalt jener Anzahl von Liliputanern erforderlich sei. Damit kann der Leser sich eine Vorstellung machen von der Klugheit dieses Volkes und von der scharfsinnigen und genauen Wirtschaftlichbegabung eines so großen Fürsten.

Jonathan Swift (1667 – 1745): *Gulliver with the Liliputians*, aus: *Gulliver's Travels*, Vol. I, Chapter III.

Der verzauberte Knecht

Der gute alte Patrick Henry verbrachte geschäftehalber einen großen Teil des Jahres in Dublin, und da er gewöhnlich seine Familie mitnahm, blieben nur seine Knechte und Mägde zurück, um das Haus zu betreuen.

In diesem Haus schien es aber nicht recht geheuer zu sein, denn jede Nacht klopfte es an die Küchentüre, und dann wurden die Teller und Schüsseln so durcheinander geworfen, dass man meinen konnte, es bliebe nichts ganz.

Nun hatten sich die Dienstboten eines Abends vor dem Zubettgehen in der Küche allerlei Geistergeschichten erzählt, wobei ein Knecht in einer Ecke so tief eingeschlafen war, dass er die anderen nicht weggehen hörte. Plötzlich wurde er durch einen lauten Schlag an die Türe geweckt, und als er hochfuhr, sah er einen großen Esel vor sich, der ganz munter seine Stimme erschallen ließ. Der Knecht war so erschrocken, dass er kein Wort herausbrachte. Er glaubt, der Esel würde ihn vielleicht verschlingen. Doch der langohrige Fremde kümmerte sich nicht weiter um ihn, denn dem Anschein nach hatte er viel wichtigere Geschäfte zu besorgen.

Zuerst blies er das Feuer wieder an, dann setzte er mit seinen Vorderfüßen einen Kessel mit Wasser auf, und während es warm wurde, stellte er alle Teller und Schüsseln auf dem Küchentisch zusammen. Er sah sich auch aufmerksam in der Küche um und beschnüffelte den vor Angst schlotternden Knecht, ohne ihm jedoch das geringste Leid zuzufügen. Als das Wasser zu kochen anfing, schrie er laut und freudig *„I – a!“*, dass die Fensterscheiben im ganzen Haus klirrten, worauf er alle Tisch- und Küchengeräte so sauber wusch, wie es die beste Magd im vornehmsten Gasthof in Dublin nicht besser gekonnt hätte. Schließlich stellte er jeden Gegenstand an seinen Platz, löschte das Feuer und ging seiner Wege.

Der Knecht atmete auf und schlich sich in seine Kammer. Natürlich erzählte er am nächsten Morgen sein Erlebnis, und die Dienstboten unterhielten sich den ganzen Tag über nichts anderes.

- *Herrlich!* – sagte eine Magd, – *Wenn der Esel das Geschirr spült, brauchen wir es nicht zu tun und können eine halbe Stunde früher schlafen gehen.*
- *Das ist das Klügste, was Du in deinem Leben gesagt hast,* – erklärte eine andere, und selbstverständlich überließ das Hausgesinde von diesem Tag an alle Küchenarbeit dem Esel.

Die Küche war nun jeden Tag sauber gescheuert, und alle Teller, Schüsseln und Töpfe waren so blank, dass ein König sich hätte zu Tisch setzen können. Den Mägden gefiel dies über alle Maßen, und sie hätten gerne noch mehr solcher Esel im Haus gehabt, damit auch die anderen Arbeiten gemacht worden wären.

Nun war unter den Knechten einer, der hatte Mut und blieb eines Abends in der Küche sitzen, um auf den Esel zu warten. Als dieser kam und mit der Arbeit begann, fragte ihn der Knecht:

– *Darf ich Dich fragen, wer Du bist und warum Du Deine Nachtruhe für die Mägde opferst?*

– *Das will ich Dir sagen,* – antwortete der Esel. – *Früher einmal war ich Knecht in diesem Hause, und zwar der faulste, den es je gab. Seit meinem Tod muss ich zur Strafe jede Nacht dieses Haus aufsuchen und alles reinigen, was in der Küche ist.*

– *Können wir etwas für Dich tun?*

– *Oh ja, wenn Ihr es gerne tut. Es ist manchmal empfindlich kalt, und wenn Ihr mir einen warmen Rock machen ließet, wäre ich Euch sehr dankbar.*

– *Den sollst Du haben, es ist uns eine wahre Freude!*

Nach ein paar Tagen wurde dem Esel ein warmer, gefütterter Rock mit vier Ärmeln für seine vier Beine geschenkt. Er zog ihn an und sagte:

– *Der passt mir wie angegossen, ich bin Euch ewig dankbar dafür. Ich empfehle mich.*

Mit diesen Worten ging er fort. Eine Magd rief ihm nach:

– *Du gehst heute Abend viel zu früh fort, du hast Deine Arbeit noch nicht getan!*

– *Jetzt ist die Reihe wieder an Euch*, – erwiderte der Esel. – *Meine Strafe sollte nur so lange dauern, bis mich jemand für meine Dienste bezahlt. Ihr seht mich nie wieder!*

Und so war es auch!

Irisches Volksmärchen

Die Pension

Mrs. Mooney war die Tochter eines Metzgers. Sie war eine Frau, die durchaus imstande war, sich durchzusetzen: eine resolute Frau. Sie hatte den Altgesellen ihres Vaters geheiratet und eine Metzgerei in der Nähe von Spring Gardens eröffnet. Doch sobald sein Schwiegervater tot war, da ging es mit Mr. Mooney bergab. Er trank, plünderte die Ladenkasse und geriet über beide Ohren in Schulden. Es war sinnlos, ihn Besserung geloben zu lassen, denn nach ein paar Tagen war es wieder das alte Lied. Streit mit seiner Frau vor den Kunden und der Einkauf von schlechtem Fleisch ruinierten sein Geschäft. Eines Abends ging er mit dem Hackmesser auf seine Frau los und sie musste im Haus eines Nachbarn übernachten.

Danach lebten sie getrennt. Sie ging zum Pfarrer, erreichte die Trennung und bekam das Sorgerecht für die Kinder. Ihm gab sie weder Geld noch Essen, noch Unterkunft; deshalb war er gezwungen, sich als Sheriffbote zu verdingen. Er war ein schäbiger, gebeugter kleiner Säufer mit weißem Gesicht, weißem Schnurrbart und weißen Brauen wie Bleistiftstriche über den kleinen Augen, die rötlich geädert und wund waren. Den lieben langen Tag saß er im Büro des Sheriffs herum und wartete darauf, dass es etwa für ihn zu tun gab.

Mrs. Mooney, die mit dem Rest ihres Gelds aus dem Metzgergeschäft eine Pension in der Hardwicke Street eröffnet hatte, war eine große imposante Frau. Ihr Haus hatte wechselnde Bewohner, hauptsächlich Touristen aus Liverpool und der Isle of Man, und gelegentlich Künstler aus den Variétés. Das Stammpublikum waren jedoch Büroangestellte aus der Stadt. Sie regierte das Haus mit List und fester Hand, wusste, wann sie Kredit geben konnte, wann sie stur bleiben musste und wann sie die Dinge treiben lassen durfte. Alle jungen Pensionsbewohner sprachen von ihr als der ‚Madame'.

Mrs. Mooneys junge Männer zahlten fünfzehn Schilling pro Woche für Kost und Logis (Bier oder Stout zum Abendessen nicht inbegriffen). Sie hatten den gleichen Geschmack und die gleichen Berufe und kamen deshalb miteinander gut aus. Sie diskutierten die Chancen von Favoriten und Außenseitern bei Pferderennen. Jack Mooney, der Sohn der Madame, der Angestellter in einer Maklerfirma in Fleet Street war, hatte den Ruf ein hartgesottener Kerl zu sein. Er gebrauchte gerne obszöne Kasernenhofausdrücke. Gewöhnlich kam er erst in den frühen Morgenstunden nach Hause. Wenn er seine Freunde traf, hatte er immer eine gute Geschichte für sie auf Lager, und man konnte bei ihm sicher sein, dass er auf etwas Interessantes aus war, d.h. ein aussichtsreiches Pferd oder eine vielversprechende Künstlerin. Er wurde auch schnell handgreiflich und sang komische Songs. An Sonntagsabenden kam man oft in Mrs. Mooneys Salon zur Straße zusammen. Die Varietékünstler waren entgegenkommend und Sheridan spielte Walzer und Polkas und improvisierte Begleitmelodien. Polly Mooney, die Tochter der Madame, sang ebenfalls. Sie sang:

Ich bin ein freches... Gör,
das ist doch kein Malheur,
ihr wisst doch wie ich bin!

Polly war ein schlankes Mädchen von neunzehn Jahren; sie hatte helles weiches Haar und einen kleinen vollen Mund. Ihre Augen, die grau waren mit einem Anflug von Grün, waren gewöhnlich nach oben gerichtet, wenn sie sich mit jemand unterhielt, was ihr das Aussehen einer kleinen verführerischen Madonna gab. Mrs. Mooney hatte ihre Tochter zunächst als Tippfräulein in das Büro eines Getreidehändlers geschickt, doch da ein übel beleumdeter Sheriffbote jeden zweiten Tag in die Firma kam und darum bat, ein Wort mit seiner Tochter wechseln zu dürfen, hatte sie ihre Tochter wieder zurückgeholt und mit Hausarbeit beschäftigt. Da Polly sehr munter war, sollte sie es mit den jungen Männern probieren. Außerdem gefällt jungen Männern ja das Gefühl, dass eine junge Frau ganz in ihrer Nähe ist. Natürliche flirtete Mooney mit den jungen Männern, doch Mrs. Polly als kluge Menschenkennerin wusste nur zu gut, dass junge Männer nur den Zeitvertreib suchen und es nicht ernst meinen. So liefen die Dinge eine lange Zeit und Mrs. Mooney erwog bereits, Polly zurück an die Schreibmaschine zu schicken, als sie bemerkte, dass sich zwischen Polly und einem der jungen Männer etwas anbahnte. Sie beobachtete das Paar und behielt ihre Meinung für sich.

Polly wusste, dass sie beobachtet wurde, dennoch konnte das beharrliche Schweigen ihrer Mutter nicht missdeutet werden. Zwischen Mutter und Tochter hatte es keine offene Komplizenschaft gegeben, kein offenes Einvernehmen; obwohl die Leute im Haus von der Affaire zu reden begannen, griff Mrs. Mooney nicht ein. Polly begann in ihrem Verhalten etwas eigenartig zu werden und der junge Mann war offensichtlich beunruhigt. Als sie den rechten Moment für gekommen hielt, griff Mrs. Mooney dann doch ein. Sie behandelte moralische Probleme wie das Hackmesser das Fleisch: und in diesem Falle hatte sie sich entschieden.

Es war ein heller Sonntagmorgen im Frühsommer, er kündige Hitze an, doch zusammen mit einer frischen Brise. Alle Fenster der Pension standen offen, und die Vorhänge aus geklöppelter Spitze bauschten sich sanft zur Straße unter den hochgeschobenen Fensterhälften. Der Glockenturm der George's Church sandte sein ständiges Geläute aus und die Kirchgänger überquerten einzeln oder in Gruppen den kleinen runden Platz vor der Kirche, wobei ihr Ziel sowohl durch ihr reserviertes Benehmen wie auch durch die kleinen Bücher in ihren behandschuhten Händen zu erkennen war.

In der Pension war das Frühstück vorbei und der Tisch im Frühstückszimmer war voll mit Tellern, auf denen Spuren von Eigelb mit Resten von Speck und Schwarten waren. Mrs. Mooney saß im Korbsessel und sah zu, wie das Dienstmädchen Mary das Frühstückgeschirr abräumte. Sie ließ Mary die Krusten und Brotstückchen einsammeln, die für den diensttäglichen Brotpudding mit verwendet werden sollten. Als der Tisch abgeräumt, die Brotbröckchen eingesammelt, Zucker und Butter zuverlässig weggeschlossen waren, begann sie das Gespräch zu rekonstruieren, das sie am Abend zuvor mit Polly geführt hatte. Die Dinge standen so, wie sie vermutet hatte: sie hatte freimütig Fragen gestellt und Polly hatte ebenso freimütig geantwortet. Beide waren natürlich etwas verklemmt gewesen. Sie war in Verlegenheit geraten, da sie die Nachricht nicht in allzu unbekümmerter Weise entgegennehmen oder den Anschein erwecken wollte, Vorschub geleistet zu haben, und Polly war verlegen, nicht nur weil Anspielungen dieser Art sie immer verlegen machten, sondern auch, weil sie nicht den Gedanken aufkommen lassen wollte, dass sie in ihrer verständigen Unschuld die Absicht hinter der Duldsamkeit ihrer Mutter erraten hatte.

Instinktiv schaute Mrs. Mooney auf die kleine vergoldete Uhr auf dem Kaminsims, sobald es ihr in ihrem Träumen bewusst geworden war, dass die Glocken der George's Church aufgehört hatten zu läuten. Es war siebzehn Minuten nach elf: sie würde also reichlich Zeit haben, um die Angelegenheit mit Mr. Doran zu erledigen und dann noch die kurze Zwölfuhrmesse in der Malborough Street zu erreichen. Sie war sich sicher, dass sie gewinnen würde. Zunächst hatte sie das Gewicht der gesellschaftlichen Meinung auf ihrer Seite: sie war eine gröblich beleidigte Mutter. Sie hatte es ihm gestattet, unter ihrem Dach zu wohnen, in der Annahme, dass er ein Ehrenmann sei, und er hatte ihre Gastfreundschaft einfach missbraucht. Er war vierunddreißig oder fünfunddreißig Jahre alt, und so konnte Jugend nicht als Entschuldigung vorgebracht werden; auch Unwissenheit konnte nicht seine Entschuldigung sein, denn er war ein Mann, der bereits etwas von der Welt gesehen hatte. Er hatte einfach Pollys Jugend und Unerfahrenheit ausgenutzt: das war offensichtlich. Die Frage war: Welche Wiedergutmachung würde er leisten?

* * *

In einem solchen Fall muss Wiedergutmachung geleistet werden. Für den Mann ist das alles schön und gut: er kann seiner Wege gehen, als wäre nichts passiert, nachdem er sein kurzes Vergnügen gehabt hatte. Das Mädchen jedoch muss es ausbaden. Manche Mütter wären damit zufrieden, eine solche Affäre mit einer Summe Geldes zu übertünchen. Solche Fälle waren ihr bekannt. Das würde sie jedoch nicht tun. Der Verlust der Ehre ihrer Tochter war für sie nur durch eines wieder gutzumachen: Heirat.

Sie zählte ihre Trumpfkarten noch einmal, ehe sie Mary nach oben zu Mr. Doran schickte, um ihm auszurichten, dass sie ihn zu sprechen wünsche. Das war ein seriöser junger Mann, nicht so liederlich und laut wie die anderen. Wäre es Mr. Sheridan oder Mr. Meade gewesen, wäre ihre Aufgabe viel schwieriger gewesen. Sie dachte, dass er nicht ins allgemeine Gerede kommen wollte. Alle Hausbewohner wusste ja etwas von der Affäre; Details waren von einigen noch erfunden worden. Außerdem hatte er seit dreizehn Jahren im Büro eines großen katholischen Weinhändlers gearbeitet und das Bekanntwerden würde für ihn vielleicht den Verlust seiner Stellung bedeuten. Doch wenn er zustimmte, könnte alles gut gehen. Sie wusste, dass er jedenfalls ein ordentliches Einkommen hatte und nahm an, dass er auch etwas auf die hohe Kante gelegt hatte.

Schon die halbe Stunde! Sie stand auf und musterte sich im Wandspiegel. Der entschlossene Ausdruck ihres großen geröteten Gesichts befriedigte sie und sie dachte an einige Mütter aus ihrem Bekanntenkreis, die ihre Töchter nicht loswerden konnten.

An diesem Sonntagmorgen war Mr. Doran wirklich sehr beunruhigt. Zwei Mal hatte er versucht sich zu rasieren, doch war seine Hand so unsicher gewesen, dass er davon absehen musste. Ein rötlicher Dreitagebart war Einfassung für seinen Kiefer und alle zwei oder drei Minuten beschlug sich seine Brille, so dass er sie abnehmen und mit dem Taschentuch putzen musste. Die Erinnerung an seine Beichte am Vorabend verursachte ihm akute Schmerzen; der Pfarrer hatte jede lächerliche Kleinigkeit der Affäre aus ihm herausgefragt und am Ende seine Sünde so sehr vergrößert, dass er fast dankbar war, dass ihm das Schlupfloch der Wiedergutmachung gewährt wurde. Der Schaden war angerichtet. Was konnte er jetzt anderes tun als sie zu heiraten oder davon zu laufen? Er konnte die Sache nicht einfach unverfroren wegwischen. Sicher würde über die Affäre geredet werden und bestimmt würde sie seinem Chef zu Ohren kommen. Dublin ist ja eine so kleine Stadt und jeder weiß, was jeder treibt. Er fühlte, wie sein Herz warm im Hals pochte, als er in seiner erregten Phantasie die krächzende Stimme des alten Mr. Leonard rufen hörte:

– *Schicken Sie Mr. Doran zu mir, bitte!*

Alle seine langen Berufsjahre vertan für nichts! Sein ganzer Fleiß und seine Sorgfalt umsonst gewesen! Als junger Mann hatte er sich natürlich die Hörner abgestoßen; er hatte sich mit seinem Freidenkertum gebrüstet und vor seinen Gefährten in den Kneipen die Existenz Gottes geleugnet. Doch das alles war vorbei und erledigt ... beinahe. Noch immer kaufte er einmal pro Woche Reynold's Newspaper, doch er kam seinen religiösen Pflichten nach und neun Zehntel des Jahres führte er ein geordnetes Leben. Er hatte genügend Geld, um einen Hausstand zu gründen; daran lag es nicht. Aber seine Familie würde auf dieses Mädchen herablassend blicken. Da war vor allem ihr Vater mit seinem schlechten Ansehen, und dann bekam die

Pension ihrer Mutter allmählich einen gewissen Ruf. Er hatte eine Ahnung, dass man ihn hereinlegte. Er konnte sich schon vorstellen, wie seine Freunde über seine Affäre reden und lachen würden. Sie war etwas ungebildet; manchmal sagte sie *„gesehen würde ich"* und *„wenn ich das gewisst gehabt hätte"*, doch welche Rolle spielte schon die grammatikalische Korrektheit, wenn er sie wirklich liebte? Er konnte sich nicht entscheiden, ob er sie für das, was sie getan hatte, lieben oder verachten sollte. Natürlich hatte auch er es getan. Sein Instinkt bedrängte ihn, nicht zu heiraten, frei zu bleiben, sagte ihm, dass mit der Heirat er erledigt sein würde.

Während er in Hemd und Hose hilflos auf dem Bettrand saß, klopfte sie leise an seine Tür und kam herein. Sie erzählte ihm alles, sagte, dass sie der Mutter ihr Herz ausgeschüttet habe und dass ihre Mutter noch an diesem Morgen mit ihm reden wolle. Sie weinte, schlang die Arme um seinen Hals und sagte:

– *Ach, Bob! Bob! Was soll ich tun? Was soll ich denn nur tun?*

Sie würde ihrem Leben ein Ende setzen, sagte sie.

Er tröstete sie schwach, bat sie, nicht zu weinen, denn alles würde gut werden, keine Angst. An seinem Hemd spürte er die Erregung ihres Busens.

Es war nicht allein seine Schuld, dass es passiert war. Mit dem eigenartig geduldigen Gedächtnis des Junggesellen erinnerte er sich gut an die ersten beiläufigen Liebkosungen, welche ihr Kleid, ihr Atem, ihre Finger ihm gegeben hatten. Dann, spät eines Abends, als er sich gerade zum Schlafen auszog, hatte sie schüchtern an seine Tür geklopft. Sie wollte ihre Kerze, die ein Windstoß ausgelöscht hatte, an der seinen wieder anzünden. Es war ihr Badeabend. Sie trug einen weiten, offenen Frisiermantel aus bedrucktem Flanell. Ihr weißer Fuß leuchtete aus ihren offenen pelzbesetzten Hausschuhen und unter ihrer duftenden Haut glühte ihr Blut. Auch von ihren Händen und Handgelenken ging ein schwacher Duft aus, während sie ihre Kerze anzündete und die Flamme festigte.

Wenn er sehr spät am Abend nach Hause kam, war sie es, die sein Essen aufwärmte. Er wusste kaum, was er aß, wenn er sie neben sich spürte, allein, nachts, im schlafenden Haus. Und wie aufmerksam sie war! Wenn es ein kalter oder nasser oder windiger Abend war, stand mit Sicherheit ein Becher mit Punsch für ihn bereit. Vielleicht könnten sie miteinander glücklich sein...

Gemeinsam gingen sie immer nach oben, auf Zehenspitzen, und auf dem dritten Treppenabsatz sagten sie sich widerstrebend Gute Nacht. Sie küssten sich auch. Er erinnerte sich gut an ihre Augen, die Berührung ihrer Hand und sein Delirium.

Doch ein Delirium geht vorbei. In ihm klang ihr Satz nach: *Was soll ich tun?* – und er bezog ihn auf sich selbst. Der Instinkt des Junggesellen riet ihm zu Zurückhaltung. Doch da war die Sünde; auch sein Ehrgefühl sagte ihm, dass für eine solche Sünde Wiedergutmachung geleistet werden müsse.

Während er mit ihr auf der Bettkante saß, kam Mary an die Tür und sagte, dass die Chefin ihn im Salon zu sprechen wünsche. Er stand auf, um Weste und Rock anzuziehen, hilfloser denn je. Als er angezogen war, ging er zu ihr hinüber, um sie zu trösten. Alles würde gut werden, keine Angst. Er ließ sie weinend und leise *Oh mein Gott!* stöhnend auf dem Bett zurück.

Als er die Treppe hinunter ging, beschlug sich seine Brille so sehr, dass er sie abnehmen und putzen musste. Er wünschte sich, durch das Dach hochzusteigen und wegzufliegen in ein anderes Land, wo er niemals mehr von seinen Problemen hören würde, und doch drückte ihn eine Gewalt Stufe um Stufe nach unten. Die unerbittlichen Gesichter seines Chefs und der Madame starrten auf sein Missgeschick.

Auf der letzten Treppenflucht begegnete er Jack Mooney, der aus der Speisekammer heraufkam und zwei Flaschen Blassbier liebevoll an seine Brust presste. Sie grüßten sich kalt; und die Augen des Liebhabers ruhten ein oder zwei Sekunden lang auf einem dicken Bulldoggengesicht und einem Paar dicker kurzer Arme. Als er am Fuß der Treppe ankam, schaute er nach oben und sah wie Jack ihn von der Tür des Nebenzimmers aus musterte.

Plötzlich fiel ihm der Abend ein, als einer der Künstler vom Variété, ein kleiner blonder Londoner, eine ziemlich freizügige Anspielung auf Polly gemacht hatte. Das gesellige Beisammensein war beinahe durch Jacks heftige Reaktion gesprengt worden. Alle versuchten ihn zu beruhigen. Der Variétékünstler, etwa bleicher als üblich, lächelte weiter und sagte immer wieder, dass er es nicht böse gemeint habe. Doch Jack schrie ihn weiter an, dass er jedem Kerl, der solche Scherze über seine Schwester riskiere, verdammt noch mal! das Gebiss in die Kehle runterschlagen würde, jawohl!

Polly saß eine kurze Zeitlang auf der Bettkante und weinte. Dann trocknete sie ihre Augen und ging hinüber zum Spiegel. Sie tauchte einen Handtuchzipfel in den Wasserkrug und machte die Augen mit dem kühlen Wasser frisch. Sie betrachtete sich im Profil und richtete eine Haarnadel über dem Ohr. Dann ging sie zum Bett zurück und setzte sich ans Fußende. Sie sah die Kissen eine lange Zeit an und ihr Anblick weckte in ihr geheime angenehme Erinnerungen. Sie lehnte den Nacken an das kühle eiserne Bettgestell und begann zu träumen. Auf ihrem Gesicht war keine Unruhe mehr zu sehen.

Sie wartete weiter geduldig, fast fröhlich, ohne Besorgnis, und ihre Erinnerungen machten langsam Platz für Hoffnungen und Zukunftsvisionen. Ihre Hoffnungen und Visionen waren so verzweigt, dass sie die weißen Kissen nicht mehr wahrnahm, auf die sie starrte, oder sich an etwas erinnerte, worauf sie wartete.

Endlich hörte sie ihre Mutter rufen. Sie sprang auf die Füße und rannte zum Treppengeländer.

– *Polly! Polly!*

– *Ja, Mama!*

– *Komm runter, meine Liebe! Mr. Doran möchte mit Dir reden.*

Da fiel ihr wieder ein, worauf sie gewartet hatte.

James Joyce (1882–1941): *The Boarding House,* aus: *Dubliners.*

Die dankbaren Tiere und das Zauberei

Es war einmal ein junger Mann, der hieß Jack. Er besaß eine Guinee, also 21 Schilling, und wollte sich auf einem Jahrmarkt amüsieren. Auf dem Weg dorthin sah er ein paar kleine Jungen, die eine Maus gefangen hatten und sie quälten.

– *Hallo, Jungs,* – sagte er, – *seid doch nicht so grausam. Ich geb' euch Sixpence. Lasst das Tierchen in Ruhe, kauft euch Ingwerbrot.*

Das Geld nahmen sie gerne und das Tier ließen sie laufen. Kurz darauf stieß er auf eine Gruppe junger Burschen, die gerade dabei waren, ein Wiesel zu foltern. Er kaufte das Tier für einen Schilling frei, marschierte weiter und das Wiesel folgte ihm. Schließlich befreite er einen Esel aus der Gewalt roher Kerle. Dieses Mal musste er eine halbe Krone für den Loskauf geben.

– *Ach,* – sagte das dankbare Tier, – *darf ich Dein Begleiter sein? Wenn Du müde bist, kannst Du doch auf mir reiten.*

Jack stimmte dem Vorschlag mit Freuden zu. Der Tag war sehr warm, der junge Mann machte eine Pause, setzte sich in den Schatten eines Baumes und schlief bald ein. Doch bald wurde er von einem Grundbesitzer und dessen Knechten unsanft geweckt.

– *Wie kannst Du es wagen, Deinen verdammten Esel auf meinem Grund und Boden grasen zu lassen!* – brüllte er.

– *Entschuldigung, das wollte ich doch nicht. Ich bin nur etwas eingenickt wegen der Hitze.*

– *Faule Ausrede. Holt die Kiste!* – befahl er seinen Knechten. Und im Handumdrehen fesselten sie den jungen Mann, legten ihn in die Kiste und warfen die Kiste in den Fluss.

* * *

Sie gingen lachend weiter, und der arme Esel blieb klagend zurück. Da kamen die Maus und das Wiesel angerannt und fragten ihn, warum er so jammere.

– *Ach,* – sagte der Esel, – *es geht um den letzten mitleidigen Menschen auf dieser Welt. Er hat mich vor dem Tod gerettet. Und jetzt haben ihn drei Rohlinge gefesselt, in eine Kiste gesteckt und in den Fluss geworfen.*

– *Oh!* – sagte das Wiesel, – *das muss wohl derselbe gewesen sein, der die Maus und mich gerettet hat. Hat er einen braunen Fleck auf dem Ellbogen seiner Jacke?*

– *Aber ja!*

– *Kommt, dann wollen wir versuchen, die Kiste einzuholen und ihn befreien!*

Also sprang das Wiesel auf den Rücken des Esels und die Maus setzte sich in dessen Ohr. Sie brauchten gar nicht weit zu laufen, denn die Kiste hatte sich zwischen

Schilf am Rand einer kleinen Insel verfangen. Schnell schwammen sie hinüber, nagten den Strick durch und befreiten ihren Retter.

Nun waren alle sehr vergnügt, lachten und unterhielten sich. Da sah das Wiesel ein wunderbares großes Ei, das in den herrlichsten Farben leuchtete. Es lag im flachen Wasser. Das Wiesel holte es und Jack drehte es nach allen Seiten und bewunderte es. Er sagte:

– *Meine guten Freunde, ich wünschte es wäre in meiner Macht, Euch meine Dankbarkeit zu zeigen. Hätte ich nur ein Schloss und ein großes Vermögen. Dann würden wir ein Leben in Saus und Braus führen.*

Kaum hatte er dise Worte gesprochen, da standen die Tiere und er auf einer Schlosstreppe und schauten hinüber auf den schönsten Rasen, den sie je zu Gesicht bekommen hatten.

Niemand machte ihnen den Besitz streitig und so lebten sie glücklich wie Könige. In den Schränken fanden sie reichlich Geld und das Gebäude hatte schöne Möbel in allen Zimmern. Natürlich konnten sie sich auch Personal leisten.

* * *

Eines Tages stand Jack am Tor als drei Kaufleute vorbeikamen. Ihre Pferde und Maultiere transportierten ihre Waren.
- *Donnerwetter!* – sagten sie, – *Was ist denn das? Als wir das letzte Mal hier vorbei gekommen sind, war noch kein Schloss und kein Rasen da.*
- *Das stimmt,* – sagte Jack, – *Umso besser für Euch. Bringt Eure Tiere in den Stall hinter das große Haus. Ich lade Euch zum Essen ein.*

Das ließen sie sich nicht zwei Mal sagen, und nach dem Essen zeigte ihnen der arglose Jack das bemalte Ei und erzählte ihnen, was es damit auf sich hatte. Kurz darauf, als Jack gerade in der Schlossküche war, schüttete einer der Burschen ein Pulver in Jacks Glas. Nachdem dieser einen tiefen Schluck zu sich genommen hatte, verlor er das Bewusstsein...

Als er wieder zu sich kam, fand er sich wieder auf der Insel, seine drei Freunde saßen neben ihm und starrten ihn an.
- *Ach, Meister,* – sagte das Wiesel, – *Ihr werdet wohl nie schlau genug sein, um mit Gaunern umzugehen, von denen es auf der Welt nur so wimmelt. Haben denn diese Verbrecher irgendwann einmal etwas gesagt, wo sie wohnen und wie sie heißen?*

Jack kratzte sich hinter dem Ohr und nachdem er sich lange gekratzt hatte, fiel ihm der Name des Orts ein.
- *Komm, Esel,* – sagte das Wiesel, – *da traben wir einmal hin.*

* * *

Also sprang das Wiesel auf seinen Rücken und die Maus wieder in sein Ohr, und der Esel schwamm durch den Fluss und schließlich gelangten sie zum Haus des Chefs der Kaufleute. Die Maus rannte hinein und der Esel und das Wiesel versteckten sich draußen im Gebüsch. Bald kam die Maus zurück.
- *Nun, was gibt's?*
- *Das sieht schlecht aus. Er bewahrt das Ei in einem Korb in seinem Schlafzimmer auf. Ein paar Katzen mit wild funkelnden Augen bewachen es. Sie sind an dem Korb festgebunden und der Raum ist abgechlossen.*
- *Lasst uns umkehren,* – sagte der Esel, – *da kann man nichts machen.*
- *Warte!* – sagte das Wiesel.

Als es Schlafenszeit war, sagte das Wiesel zu der Maus:

– *Kriech durch das Schlüsselloch und schleich dich zum Kopf des Schurken, und alle zwei, drei Stunden reißt du dem Kerl ein Haarbüschel aus.*

– *Wozu soll das gut sein?* – fragte der Esel.

– *Warte nur ab, das wirst Du schon sehen,* – antwortete das Wiesel.

Als der Kaufmann am nächsten Morgen in den Spiegel schaute und sein verwüstetes Haar sah, geriet er außer sich:

– *Das muss eine Maus gewesen sein. Der werd ich's zeigen!*

Er machte am folgenden Abend die Katzen los und befahl ihnen, an seinem Bett Wache zu halten.

Kaum war er eingeschlafen, da erschienen die Maus und das Wiesel vor der Tür. Sie knabberten ein Loch in die Holztüre und schlüpften in das Zimmer. Die Maus lenkte die Katzen ab, das Wiesel schnappte sich das Ei und dann machten sich die Tiere wieder auf den Rückweg. Die Maus saß im Ohr des Esels, das Wiesel auf dessen Rücken und es hielt das Ei fest zwischen den Zähnen. Als sie wieder an den Fluss kamen und hinüberschwammen, fing der Esel zu schimpfen an.

– *Ii-Aa, Ii-Aa,* – brüllte er, – *ich hab's satt! Ich schleppe mich ab mit der Maus, dem Wiesel und dem Zauberei. So einen Idioten gibt's nicht noch einmal auf der Welt. Und keiner lobt mich!*

Die Maus hörte das gar nicht, denn sie war eingeschlafen, und das Wiesel wagte nicht, das Maul aufzumachen, da es sonst das Ei verloren hätte.

– *Undankbares Pack! Ich werfe Euch ins Wasser!* – röhrte der Esel. Da konnte das Wiesel nicht mehr an sich halten und schrie:

– *Tu's bitte nicht!*“ Doch dabei fiel ihm das Ei aus dem Maul und versank im Fluss, wo er am tiefsten war.

– *Da haben wir die Bescherung!* – sagte das Wiesel. Man kann sich denken, dass der arme Esel ganz verzweifelt war über das Missgeschick, an dem er die Schuld trug.

– *Was sollen wir denn jetzt nur anfangen?* – fragte er kleinlaut.

– *Nur nicht verzweifeln! Ich hab' da einen Plan,* – sagte das Wiesel.

Er tauchte ins tiefe Wasser, hielt die Pfoten wie einen Schalltrichter vors Maul und gab bekannt:

– *Achtung! Achtung! Eine Armee ist im Anmarsch! Die Soldaten haben vor, euch zu fangen und roh zu verzehren!*

Da war Heulen und Wehklagen bei den Fischen und Fröschen. Sie waren ratlos.

– *Ich gebe Euch einen guten Rat: Sammelt alle Steine, die auf dem Boden des Flusses herumliegen und bringt sie uns. Wir werden am Ufer eine Mauer bauen, um Euch zu verteidigen.*

Da begannen die Wasserbewohner wie kleine Teufel zu arbeiten und schleppten alle Kieselsteine herauf, die im Fluss lagen. Da kam auch ein dicker Frosch und was trug er im Maul? – Das Ei!

Das Wiesel schnappte sich das Ei, hüpfte auf einen Baum und legte es in einer Astgabel erst einmal ab. Dann rief er den Fischen und Fröschen zu:

– *Entwarnung! Der Feind hat Angst bekommen, die Soldaten rennen davon.*

Da atmeten alle Tiere erleichtert auf: die Fische und Frösche, aber auch der Esel, die Maus und das Wiesel.

Ihr könnt euch vorstellen wie Jack sich freute, als er seine Tiere wieder sah, besonders aber, als er das Ei wieder in Händen hielt. So waren sie bald wieder in ihrem Schloss und der schöne Rasen erfreute sie erneut. Als Jack sich einsam fühlte, fiel es ihm nicht schwer, eine hübsche Frau zu finden, denn welche Frau möchte nicht in einem schönen Schloss mit viel Personal residieren! So lebte er mit ihr und seinen drei Freunden in Saus und Braus und war so glücklich wie der Tag lang ist.

Nach einem irischen Märchen erzählt von O.A.S., gesammelt in anderer Form u.a. in: *Irischer Zaubergarten*, Hrsg. Hetmann, Frederik. München, Hugendubel, 2004.

Flory Cantillons Bestattung

Die Grabstätte der Familie Cantillon war auf einer Insel in der Ballyheigh Bay. Diese Insel lag nicht weit entfernt vom Meeresufer und war in frühen Zeiten überfluted worden durch einen der Übergriffe des Atlantiks in jenen Teil der Küste von Berry. Die Fischer behaupten, dass sie oft die Ruinenmauern einer alten Kapelle unter sich im Wasser sehen, wenn sie an einem sonnigen Nachmittag über das klare grüne Meer fahren. Wie immer dies sein mag, so ist es allgemein bekannt, dass die Cantllons, wie die meisten anderen irischen Familien, ganz eng mit ihrer überkommenen Begräbnisstätte verbunden sind. Und diese Verbundenheit führte zu der Gewohnheit, dass beim Tod eines Familienmitglieds, der Leichnam zur Küste getragen und der Sarg dort im Bereich von Ebbe und Flut abgestellt wurde. Am Morgen war er verschwunden, denn die Vorfahren des Verstorbenen hatten ihn – wie es die Tradition besagte – in ihr Familiengrab befördert.

Connor Crowe, ein Mann aus der Grafschaft Clare, hatte in die Familie Cantillon eingeheiratet. „Connor Crowe in Cruagh, aus den sieben Wappenfeldern von Breintragh“ wurde er genannt und er war stolz auf diesen Namen. Connor, das soll man wissen, pflegte vor dem Frühstück einen Viertelliter Salzwasser wegen dessen medizinischer Eigenschaften zu trinken, und aus dem gleichen Grund, wie ich annehme, nahm er zwischen Frühstück und Abend die doppelte Menge an reinem Whisky ein, und letzteres tat er mit so wenig Unbequemlichkeit für sich selbst wie nur irgendein Mann in der Baronie von Moyferta, und würde ich hinzufügen von Clanderalaw und Ibrickan, so würde ich wohl nichts Falsches sagen.

Als Florence Cantillon starb, war Connor Crowe entschlossen, die Wahrheit über diese Geschichte von der alten Kirche unter dem Meer herauszufinden. Als ihn daher die Nachricht vom Tod des alten Burschen erreichte, begab er sich gleich nach Ardfert, wo Flory in prunkvollem Stil aufgebahrt war. Er gab tatsächlich eine schöne Leiche ab.

In seiner Zeit war Flory ein fideler Bursche gewesen, der wie kein zweiter das Leben genoss, und der Leichenschmaus war in jeder Hinsicht seiner würdig. Es gab jede Art von Bewirtung und alle erdenkliche Unterhaltung, und nicht weniger als drei junge Frauen fanden dabei einen Ehemann – was für ein Glück! Alles war so, wie es sein sollte. Alle Leute aus dem Landstrich, von Dingle bis Tarbert, kamen zum Begräbnis. Eine lange und bittere Totenklage wurde gesungen. Und gemäß dem Brauch der Familie wurde der Sarg an den Strand von Ballyheigh getragen, wo er an der Küste mit einem Gebet für die Ruhe des Verstorbenen niedergesetzt wurde.

Die Trauergäste entfernten sich, eine Gruppe nach der anderen, und zuletzt blieb Connor Crowe allein zurück. So zog er seine Whiskyflasche, von ihm Tröstertropfen genannt, heraus, wonach er verlangte, da er Kummer hatte. Und dann setzte er sich auf einen großen Stein im Schutz eines vorspringenden Felsens, teilweise den Blicken verborgen, um geduldig das Erscheinen der geisterhaften Leichenbestatter zu erwarten.

Ein milder, schöner Abend zog herauf. Er pfiff sich ein altes Lied, das er in seiner Kindheit gehört hatte, in der Hoffnung, sinnlose Ängste aus seinem Kopf fernzuhalten, doch der wilde Stil der Melodie weckte in ihm tausend Erinnerungen, was die Dämmerung nur noch schwermütiger erscheinen ließ.

– *Wäre ich nur in der Nähe des düsteren Turms von Dunmore, in meiner geliebten Heimat,* – sagte er seufzend, – *dann könnte man sehr wohl glauben, dass die Gefangenen, die dort*

vor langer Zeit in den Gewölben unter der Burg ermordet worden sind, dabei behilflich wären, aus Neid den Sarg wegzutragen, weil keiner von ihnen ordentlich begraben wurde oder auch nur in einem Sarg zu liegen kam. Oft, das ist gewiss, habe ich Jammern und laute Klagetöne aus den Gewölben von Dunmore Castle herausdringen hören, – doch nachdem er liebevoll seine Lippen an den Mund seines Gefährten und stillen Trösters, der Flasche nämlich, gedrückt hatte, fuhr er fort: – *doch habe ich die ganze Zeit über sehr wohl gewusst, dass dies der unheimliche Laut der Wellen war, die sich einen Weg durch die Klippen und Höhlen der Felsen bahnten und sich in Schaum auflösten. – Also bist Du es, Dunmore Castle, mit dem düsteren Turm an einem düsteren Tag, mit den düsteren Bergen dahinter, da man düstere Gedanken im Herzen hat, und wenn man dich wie einen Geist aus dem Rauch auftauchen sieht, den die Tangverbrenner am Strand erzeugen, so entsteht – Gott steh' mir bei! – ein ebenso furchtbarer Anblick wie der See des Blauen Manns bei Mitternacht aussieht. – Nun, dann,* – sagte Connor, nach einer Pause, – *ist dies nicht eine ereignisreiche Nacht, obwohl der Mond ja ein ganz blasses Gesicht macht? Der Heilige Senan stehe selbst zwischen uns und jeder Art von Schaden!*

Es war tatsächlich eine schöne Mondnacht. Ringsum war nichts zu sehen als die schwarzen Felsen und der weiße Kieselstrand, an dem das Meer sich mit heiserem und schwermütigen Murmeln brach. Connor fühlte sich recht eigenartig, trotz des häufigen Griffs zur Flasche, und war fast so weit, seine Neugierde zu bereuen. Es war wirklich ein feierlicher Anblick: der schwarze Sarg, der auf dem weißen Strand ruhte. Seine Phantasie verwandelte allmählich das tiefe Rauschen des alten Ozeans in ein Wehklagen für den Toten und aus den schattigen Schlupfwinkeln der Felsen stellte er sich seltsame und geisterhafte Gestalten vor. Als die Nacht voranschritt, ward Connor des Aufpassens müde; er ertappte sich mehr als ein Mal beim Einnicken, pflegte dann seinem Kopf einen Ruck zu geben, um wieder seinen Blick auf den schwarzen Sarg zu richten. Doch das schmale Haus des Todes stand dort unbewegt wie zuvor.

* * *

Es war schon lange nach Mitternacht und der Mond versank im Meer, als er über dem schweren und eintönigen Rollen der Wasser ein Stimmengewirr hörte, das immer lauter wurde. Bald konnte er einen Klagegesang von ausgesuchter Sanftheit wahrnehmen, dessen Töne mit der Bewegung der Wellen stiegen und sanken, deren tiefes Murmeln sich mit der Melodie vermischten und sie trugen. Der Klagegesang wurde immer lauter, schien sich dem Strand zu nähern und fiel dann in leises, klagendes Jammern. Als dies zu Ende war, erblickte Connor eine Anzahl eigenartiger und im schwachen Licht geheimnisvoll aussehender Gestalten. Sie tauchten aus dem Meer auf und umgaben den Sarg und machten Anstalten, ihn ins Wasser zu schieben.

– *Das kommt davon, wenn man Erdbewohner heiratet,* – sagte eine der Gestalten mit klarer, doch hohlklingender Stimme.

– *Stimmt!* – ergänzte ein anderer, mit einer noch unheimlicheren Stimme, – *unser König hätte niemals seinen nagenden, weiß gezähnten Wellen befohlen, den Felsengrund des Inselfriedhofs zu zerstören, wäre nicht seine Tochter Durfulla dort von ihrem sterblichen Mann begraben worden.*

– *Doch die Zeit wird kommen,* – sagte ein Dritter, der sich über den Sarg beugte, – *wenn ein sterbliches Auge dann – unser Werk betrachten kann und ein sterbliches Ohr – den Trauergesang hört zuvor…*

– *Dann,* – sagt ein Vierter, – *ist unser Leichenbegängnis der Cantillons auf immer und ewig zu Ende.*

Bei diesen Worten wurde der Sarg von einer zurückflutenden Welle vom Strand weggetragen, und das Meervolk schickte sich an, ihm zu folgen. In diesem Augen-

blick entdeckte einer zufällig Connor Crowe, der starr vor Erstaunen und angsterfüllt genau so unbeweglich blieb wie der Stein, auf dem er saß.

– *Die Zeit ist gekommen,* – rief das überirdische Wesen, – *die Zeit ist gekommen: ein menschliches Auge schaut auf die Gestalten des Ozeans, ein menschliches Ohr hat ihre Stimmen gehört. Lebt wohl, Cantillons, die Söhne der See sind nicht länger dazu verdammt, den Staub der Erde zu bestatten.*

Einer nach dem anderen drehte sich langsam um und betrachtete Connor Crowe, der wie durch einen Zauberspruch gebannt sitzen blieb. Wieder erklang der Leichengesang, und auf der nächsten Welle folgten sie dem Sarg. Der Klang der Klage verebbte und schließlich hörte man nichts mehr als das Rauschen des Wassers.

Der Sarg und der Zug der Meeresleute sanken über dem alten Friedhof hinab, und seit der Bestattung des alten Flory Cantillon wurde nie wieder einer aus der Familie an den Strand von Ballyheight gebracht, um zum rechtmäßigen Begräbnisplatz unter den Wellen des Atlantiks überführt zu werden.

Bearbeitet nach: *Irische Land- und Seemärchen,* gesammelt von Thomas Crofton Croker, zum ersten Mal übersetzt von Wilhelm Grimm (1786–1859).

Ein Schilling

Drei alte Männer saßen auf der Mauer an der Pier von Kilmillick. Sie saßen da mit dem Rücken zum Meer, das Gesicht der Sonne und dem Dorf zugewandt. Vom Meer hinter ihnen kam eine leichte Brise und brachte den süßlichen Salzgeruch von Seetang, der von der Sonne geküsst wurde. Vor ihnen lag das Dorf ganz ruhig. Keine Bewegung, außer dem trägen blauen Rauch, der aus den Schornsteinen in Ringeln hochstieg. Es war Sonntag, am frühen Nachmittag, und alle jungen Leute waren bei einem Fußballspiel in Kilmurrage. Die drei alten Männer erzählten einander Geschichten von riesigen Fischen, die sie in ihrer Jugend gefangen hatten.

Plötzlich hörte man das Flattern von Segeltuch und eine kleine weiße Yacht rauschte um die Ecke der Pier und kam längsseits der Mauer an. Gleich standen die drei alten Männer auf und Patsy Conroy, der rüstigste der drei alten Männer, fing das Vertäuungsseil auf und machte die Yacht fest. Dann ging er zurück zu den beiden anderen, welche die Segler beobachteten, die sich für den Landgang fertig machten.

– *Das ist wirklich ein schönes Boot,* – sagte der alte Brian Manion. – *Dieses Boot zu halten muss eine Stange Geld kosten. Schaut Euch nur die glänzenden Messingbeschläge an, und dann kann man doch durch die Luke den Teppich auf dem Kabinenboden sehen. Donnerwetter!*

– *Ich hätte es gerne zum Fischen für eine Woche,* – sagte Mick Feeney, und schnaubte durch seine lange rote Nase. Seine großen, rotgeränderten blauen Augen schienen aus dem Kopf herauszutreten und sich wieder zurückzuziehen.

Paty Conroy sagte nichts. Er stand ein wenig abseits, die Hände in dem Hosengürtel vergraben. Obwohl er zweiundsiebzig Jahre zählte, stand er aufrecht, war gelenkig und aktiv, doch sein Gesicht war gelb und verrunzelt wie altes Pergament. Seine kleinen Augen unter den buschigen weißen Augenbrauen strichen schlau um die Yacht, als wollten sie dort etwas stehlen.

– *Wo ist die nächste Kneipe?* – brüllte vom Deck der Yacht ein Mann mit rotem Gesicht, angetan mit weißem Leinenhemd und Leinenhose. Die alten Männer gaben ihm alle gleichzeitig Bescheid.

– *Gehen wir einen heben, Totty!* – sagte der mit dem roten Gesicht.

– *Aber klar!* – sagte der andere Mann.

Als das Rotgesicht die Eisentreppe zur Pier hochkletterte, fiel ihm eine Ein-Schillingmünze aus der Hosentasche. Sie fiel geräuschlos auf ein kleines Seilknäuel. Der Mann mit dem Rotgesicht bemerkte dies nicht, als er mit seinem Freund die Pier hoch ging. Die drei alten Männer bemerkten es, doch sie sagten dies weder dem Rotgesicht noch zueinander. Sobald der Schilling auf dem Seilknäuel landete und

dort glänzend liegen blieb, wurde dies den Dreien so schmerzlich bewusst, dass ihnen die Gabe der Sprache und des logischen Denkens abhanden kam. Jeder warf einen Blick auf den Schilling, einen schnellen verstohlenen Blick, und dann schaute jeder in eine andere Richtung, gerade so wie ein Hund, der in einem Busch ein Kaninchen sieht, eine Pfote hebt und dann innehält und dabei das Kaninchen im Blickwinkel behält, obgleich seine Augen anderswohin gerichtet sind.

Jeder der alten Männer wusste, dass die beiden anderen den Schilling auch gesehen hatten, doch schwieg jeder in der Hoffnung, dass er diese Entdeckung für sich geheim halten könne. Jeder wusste, dass es ihm unmöglich war, die Eisenleiter zum Deck hinunter zu gehen, den Schilling aufzuheben und mit ihm wieder zur Pier hochzuklettern, ohne entdeckt zu werden; denn da war ein Mann mit einer runden weißen Mütze, der in der Kabine herumhantierte. Und der Schilling lag zwei Fuß vom Lukeneinstieg entfernt. Und die alten Männer, vielleicht mit Ausnahme von Patsy Conroy, waren zu alt, um die Leiter hinab und wieder hoch zu steigen. Jedenfalls wusste jeder – selbst wenn niemand in der Kabine gewesen wäre und wenn sie die Leiter hätten hinunterklettern können – dass die beiden anderen den Dritten daran gehindert hätten, den Schilling zu nehmen, denn jedem war es lieber, dass niemand den Schilling bekommen sollte, wenn er selbst ihn nicht bekommen konnte.

Aber trotzdem war die Verlockung jenes glitzernden Schillings so stark, dass alle Drei mit schnell pochendem Herzen und fiebrig arbeitendem Gehirn auf andere Gegenstände im Umkreis von zwei Fuß um den Schilling starrten. Sie starrten in quälendem Schweigen, das trotzdem so laut war wie eine streitsüchtige Unterhaltung. Das Geräusch, das Mick Feeney beim Atmen durch die Nase von sich gab, enthüllte den zwei anderen sein gedankliches Vorhaben genauso deutlich wie eine langsame und ins Einzelne gehende Erläuterung. Brian Manion fummelte mit den Händen herum und rieb die Handflächen aneinander; die beiden anderen hörten dies und verfluchten seine Habgier. Lediglich Patsy Conroy produzierte kein Geräusch, aber gerade sein Schweigen war laut für die anderen zwei Männer, denn sie blieben in Unkenntnis der Pläne, die ihm durch den Kopf gingen. Und die Sonne schien heiß. Und der salzige, gesunde Geruch des Meeres regte den Durst an. Und bei Kelly's gab es köstliches kühles Bier! Und so kam keiner dieser drei alten Männer auch nur auf den Gedanken, dass dieser Schilling doch einem anderen Menschen gehörte. Und so dachte tatsächlich jeder ganz entrüstet an die schamlose Habgier der beiden anderen. Und so entstand im Kopf eines jeden eine beinahe mörderische Abneigung gegen die anderen.

So verstrichen drei Minuten. Die beiden Bootseigner waren nicht mehr zu sehen. Brian Manion und Mick Feeney zitterten unschlüssig.

* * *

Da bückte sich Patsy Conroy und hob einen Kieselstein von der Pier auf. Er warf ihn auf das Deck. Die anderen zwei Männer bewegten ihre Spazierstöcke etwas, um den Kieselstein abzufangen. Dann fuhren sie hoch, waren wie gelähmt. Patsy Conroy formte mit den Händen einen Trichter und rief:

– *Hallo, dort unten!*

Ein blassgesichtiger Mann mit einer Serviette um die Taille kam heraus auf die zweite Stufe der Luke. – *Was ist los?* – sagte er.

– *Verzeihung, mein Herr,* – sagte Patsy Conroy, – *würden Sie mir bitte diesen Schilling hochreichen, der mir gerade aus der Hand gefallen ist?*

Der Mann nickte, hob den Schilling auf, brummte – *Fang!* und warf den Schilling auf die Pier. Patsy tippte an seine Kappe und hechtete nach der Münze. Die zwei anderen waren so verdutzt, dass sie nicht einmal ein Glied rührten. Sie sahen, wie Patsy auf die Münze spuckte und sie in die Tasche steckte. Sie sahen, wie er den Hafendamm hoch ging, seine lange, hagere Gestalt so aufrecht und feierlich wie ein Polizeibeamter. Dann schauten sie einander mit ärgerlich verzerrtem Gesicht an. Jeder knurrte mit hochgehobenem Spazierstock den anderen an:

– *Warum hast Du ihn nicht aufgehalten, Du Dummkopf!*

Bearbeitet nach Liam O'Flaherty (1896–1984): *A Shilling,* aus: *Selected Stories.*

Ein leidenschaftlicher Liebhaber

Als Benny Spillanes Mutter einen anonymen Brief erhielt, ihr Sohn „triebe es“ mit einer jungen Dame von der Bank – der Ausdruck lautete nicht „junge Dame“, es war ein zweisilbiges, unhöfliches Wort – schlugen ihr die angemessen hochgehenden Wogen mütterlicher Erregung sofort über dem Kopf zusammen. Ihr Schatz geplündert! Ihre Zukunft gefährdet! Ihre Liebe verraten! Ihr armes, dummes Söhnchen auf Abwege gelockt! Seine Unschuld vernichtet!

Benny war damals einundvierzig, ein fröhlicher und lebenstüchtiger Mann, mit Glupschaugen und einem Stäubchen Grau an den Schläfen, mit weinrotem Gesicht, das jenem Kürbis nicht unähnlich war, in dem man zu Allerheiligen eine Kerze anzündet; und der Mantel hing ihm so senkrecht von seinem Bauch herunter, als wäre er in Hoffnung. Er war Bank-Kassierer, und an Rang und Ansehen kam er gleich hinter dem Direktor.

In den folgenden zwei Wochen konnte Benny nicht spazieren gehen oder am Frühstückstisch einen Brief öffnen, ohne dass ihn seine Mutter lange und ängstlich beobachtete. Endlich konnte sie es nicht länger mehr aushalten und setzte ihm die Pistole auf die Brust.

– *Benny, Söhnchen, stimmt es, was ich gehört habe? Dass Du mit dem Gedanken umgehst, Dich zu verheiraten? Natürlich kann's keine größere Freude für mich geben, mein Herzenssöhnchen, als wenn Du Dir einen Hausstand gründest. Aber Du hast ja reichlich Zeit. Und ich möchte doch, dass Du glück-lich wirst. Da soll man nichts überstürzen.*

Normalerweise glupschten Bennys Augen, jetzt aber fielen sie ihm fast aus dem Kopf, und den kleinen Mund sperrte er wie ein Spielzeugfisch auf. Dann wieherte er drauflos:

– *Heiraten? Ich? Ach du lieber Gott, wo hast Du denn dieses Geschwätz aufgepickt?*

– *Ich weiß jetzt auch nicht mehr, wie's mir in den Kopf gekommen ist,* – sagte sie, und vor Erleichterung und Freude wurde es ihr ganz warm ums Herz. – *Ob's mir vielleicht neulich Abend die alte Hexe Ma Looney in der Kirche erzählt hat? Dass ich Dich bald verlieren würde – oder etwas Ähnliches. Die boshafte alte Kuh!*

– *Also, Du kannst ihr von mir bestellen, dass sie spinnt. Ich weiß genau, wann und wo mir's gut geht, Mammi,* – sagte er und klopfte ihr aufs Knie. – *Hab ich an Dir nicht die beste Frau von der Welt? Und bin ich nicht so nett zu Dir wie ein zweiter Mann?*

Was – von den natürlichen Funktionen abgesehen – durchaus richtig war. Denn wie alle irischen Mütter hatte sie ihn mit den Schlingen häuslichen Behagens an sich gefesselt, und er war ihr so ergeben, dass sein Mädchen in der Bank ihm einmal sagte, ihr würde es ganz übel, so ein Pärchen wie ihn und seine Mutter beisammen zu sehen.

Und nun verwöhnte und verhätschelte sie ihr Söhnchen mehr denn je, dachte aber nicht weiter an dieses Thema, bis sie nach seiner Rückkehr aus dem Osterurlaub in Paris und Cannes noch einmal einen Brief erhielt, der dieses Mal mit „Ein wohlmeinender Freund" unterzeichnet war. Sie wurde darin unterrichtet, dass die junge Dame von der Bank ihn nach Paris und Cannes begleitet habe. Daraufhin begann sie, seine Briefe mit Hilfe von Dampf zu öffnen. Da Benny und seine junge Dame in der gleichen Bank tätig waren, dauerte es einen ganzen Monat, bis ihr Spionieren belohnt wurde. Von da an hatte sie für alle jungen Damen, die in Banken angestellt waren, nur noch einen Namen – ohne Rücksicht auf Alter, Religion und Rasse.

* * *

Ein Satz in dem anonymen Brief traf sie besonders hart: „Jetzt werden Sie wohl beten, dass Ihr süßes Söhnchen heiratet." Es wurmte sie, weil sie ja durchaus nicht die Absicht hatte, um etwas Derartiges zu beten: sie verfiel jedoch auf Besseres. Sie stürzte sich in eine glühende Anbetung der heiligen Monika, der Mutter des heiligen Augustinus. Sie hängte beider Bilder nebeneinander über Bennys Bett. Sie betete zu beiden. Und eines Tages ließ sie sich in der Städtischen Leihbücherei „Die Bekenntnisse des Heiligen Augustinus" geben und legte das Buch wie zufällig unter Bennys Sportblatt auf seinen Sessel. Es war gerade der Abend, an dem er sie sonst immer ins Kino ausführte, und als sie sagte, sie sei ein bisschen müde und wolle lieber zu Hause bleiben, setzte er sich – auf das Buch.

– *Nanu!* – sagte er und zog es hervor: – *Was ist denn das?*

– *Ach – das!* – sagte sie und spähte über ihren Brillenrand. – *Ich weiß auch nicht, weshalb ich mir das hab geben lassen. Hab's in der Leihbücherei gefunden. Wahrscheinlich ist es ein Erbauungsbuch. Aber der alte Druck ist zu klein für meine müden Augen.*

– *Soll ich Dir ein bisschen daraus vorlesen?* – fragte Benny, der ihr an den Abenden, an denen sie zu Hause blieben, vorzulesen pflegte.

– *Oh ja, wenn Du möchtest,* – erwiderte sie, aber ohne große Begeisterung.

Er tat ihr den Gefallen, aber schon nach wenigen Stellen begann er, ganze Seiten zu überspringen.

– *Weshalb kommt er denn nicht zur Sache?* – fragte er ungeduldig. – *Bis jetzt hat er noch niemandem ein Härchen gekrümmt.*

– *Da hat er also nicht viel Schlimmes getan!* – seufzte sie und starrte traurig in das Feuer. – *Gott steh den Armen bei, sag ich immer. Gott steh ihr bei, der armen Kreatur!*

– *Wem soll er beistehen'? Oh, richtig! Ist er nicht mit einer Frau durchgebrannt, oder wie war das?* Und er blätterte die Seiten etwas hoffnungsvoller um.

– *Ich meinte Monika*; – sagte seine Mutter streng. – *Er hat seiner armen Mutter das Herz gebrochen. Aber,* – rief sie fröhlich, – *er hat es wieder gut gemacht! Als er von seinen*

Schlechtigkeiten abließ! Oh, das muss ein wunderschönes Bild gewesen sein, als die beiden im Erkerzimmer saßen und über dem Meer die Sonne unterging. Hand in Hand! Mutter und Sohn! Wunderschön! Ach ja, wunderschön! Wunderschön!

– *Du kennst das Buch wohl auswendig? Davon hab ich noch gar nichts vorgelesen!*

– *Ach je, ach je, mein Herzenskindchen, dafür brauch ich kein Buch! Geh ich denn nicht seit vierzig Jahren in die Augustinerkirche, wenn seine Geburtstagspredigt gehalten wird? Und dann noch ein wunderschönes Bild: damals im Obstgarten, als der arme Junge niedergeschlagen war. Und die Stimme sagte: „Tolle lege! Tolle lege!" Und er nahm das Buch, und was las er da gleich im ersten Absatz?* – sie heftete den Blick auf Benny, der sie mit seinem vergnügten Kürbisgesicht anschaute, und bescherte ihm gleich die volle Ladung: – *Nicht mit Fressen und Saufen, nicht in Kammern bei Unzucht, sondern leget an das Gewand unseres Herrn Jesus Christus!'* – Sie sagte es so dramatisch, dass Benny glaubte, sie würde den nächsten Satz mit „Im Herrn geliebte Brüder" beginnen.

– *Ja, ja,* – fuhr sie fort, – *da hat's ihn getroffen! So wie es jeden von uns früher oder später einmal trifft. „Ich komme", sagt der Herr, „wie ein Dieb in der Nacht und suche, wen ich verschlinge!"*

Benny musste lächeln. – *An Dir ist ja eine echte Predigerin verloren gegangen,* – sagte er und suchte nach einer pikanten Stelle im Buch.

Ein Weilchen schwieg sie. Er bemerkte die scharfen Blicke nicht, mit denen sie ihn musterte. Schließlich hörte er, wie sie, ohne ihn anzureden, vor sich hin sprach:

– *Ich war heute zur Beichte,* – das war nichts Neues, Benny brummte nur, – *zu Father Benignus bin ich gegangen. Zu den Kapuzinern.* Auch hierzu sagte Benny nichts. – *Er sagt er kennt Dich.*

Nun blickte Benny auf. – *Er kennt mich? Hab' ihn noch nie gesehen!* – Und er schaute wieder ins Buch.

– *Aber er hat Dich schon gesehen. Er sagt, er kennt Dich so gut wie eine falsche Schillingmünze.*

Benny legte das Buch weg. – *Was? Ihr habt über mich gesprochen?*

Seine Stimme klang drohend, was sie nervös bemerkte und – als Mutter – überhörte.

– *Nein, nein! Ich hab Dir doch gesagt, dass ich zur Beichte gegangen bin. Es hat sich so ergeben, als ich ihm erzählt habe, wie sehr ich die heilige Monika verehre.*

– *Hör mal!* – sagte Benny und blickte sie fest an, – *gibt es vielleicht noch mehr Priester in der Stadt, die mich auf diese Art kennen?*

– *Father Semple in der Vorstadt hat mir oft erzählt, dass er Dich in der Bank gesehen hat. Und Father Milvey in der Kapelle am Meer sagt, Du könntest es leicht zu etwas bringen, wenn Du Dich nur etwas vorsehen würdest!*

Das war zu viel für Benny: – *Ich sehe schon, Du hast mich in der ganzen Stadt durchgehechelt. Wahrscheinlich erzählst Du allen Leuten, wie Du unter mir zu leiden hast und wie sauer ich Dir das Leben mache.*

– *Oh, Benny! Wie könnte ich denn so etwas sagen! Was für furchtbare Sachen Du da behauptest! Alles, was ich je von Dir gesagt habe, ist, dass Du der beste Sohn von der Welt bist, und das würde ich sogar dem Papst persönlich sagen! Denn das bist Du!* – Als sie dann fortfuhr, klang ihre Stimme gekränkt: – *Soweit ich es beurteilen kann. Denn was weiß ich schon von Dir? Nur, was Du selbst mir erzählst!"* – Lange Pause. – *Du lebst ja Dein eigenes Leben. Im Guten wie im Bösen!*

Nach längerem Schweigen sagte Benny: – *Ich glaube, ich gehe mit dem Hund ein bisschen Gassi!*

Er kam nicht weiter als bis zur nächsten Wirtschaft, wo er dumpf vor sich hinbrütete und sich ein paar Glas genehmigte. Er hatte es nötig – und sie auch. Sie bekam sie auch, denn es war eine ihrer Gewohnheiten, über die sie niemals mit Benny sprach, damit sich das Söhnchen keine Sorgen machte, ein Schlückchen Kognak zu trinken, so oft das arme alte Herz schwach oder aufgeregt war. Benny ging es nach seinen Drinks nicht besonders gut, ihr aber sehr viel besser, so dass sie recht gut ihre Brille aufsetzen und einen Blick in die Sportzeitung werfen konnte. Als alte Einwohnerin in der Grafschaft Kildare hatte sie das Interesse an Pferderennen nie verloren: sie musste sehen, was für Pferde morgen in Leopoldville laufen würden.

* * *

Die Vorliebe für die Heilige Monika hielt ein Vierteljahr an; während dieser Zeit bekam Benny kein einziges vorwurfsvolles Wort zu hören. Jeden Morgen sagte sie ihm mit traurigem Lächeln Lebewohl. Jeden Abend begrüßte sie ihn mit einem zärtlichrührseligen Willkommenskuss und sank dann ungeachtet seines Protestierens auf die Knie nieder, um ihm die Überschuhe auszuziehen. Noch nie hatte sie ihm so vorzügliches Essen vorgesetzt. Jeden Morgen, ehe er seine Beinkleider anziehen durfte, wärmte sie ihm den Hosensitz vor dem Kaminfeuer. Sie ging jedoch nicht mehr ins Kino. Sie sagte, der Sinn stehe ihr nicht mehr danach. Stattdessen saß sie ihm gegenüber, betete den Rosenkranz und stieß von Zeit zu Zeit abgrundtiefe Seufzer aus, während er sich auf die Sportnachrichten zu konzentrieren versuchte.

Nach drei Monaten waren sie beide so nervös geworden, dass er, als er für die Sommerferien eine Reise nach Biarritz plante, ihr zwei Mal sagte, er fahre allein hin. Und sie gab die Heilige Monika auf und wandte sich der Heiligen Rosa von Lima zu, die, wie ihr Ma Looney erzählt hatte, die Schutzpatronin der Hoffnungslosen und Aufgegebenen sei. Sie legte Rosenblätter, die mit den echten, wunderwirkenden Rosen von Lima in Berührung gekommen waren, zwischen die Seiten seiner Bücher. Jeden Morgen steckte sie ihm eine Rosenknospe ins Knopfloch. Ein Mal gab sie statt Petersilie gehackte Rosenblätter in die Suppe. Trotz alledem fuhr er nach Biarritz, und sie gab die Heilige Rosa von Lima auf und suchte zu einer Unterredung den Direktor von Bennys Bank auf.

– *Aber meine liebe Mrs. Spillane,* – sagte der Direktor zu ihr, – *was kann ich dabei tun? Die Privatangelegenheiten meines Personals gehen mich nichts an, – vorausgesetzt natürlich, dass es sich nicht um einen Skandal handelt und die Interessen der Bank dadurch nicht berührt werden. Ich muss Ihnen gestehen, dass ich erstaunt bin über das, was Sie mir da erzählen. Haben Sie denn irgend-welche Beweise?*

– *Bin ich nicht seine Mutter? Ich wusste schon, was Benny denkt, ehe es ihm auch nur in den Sinn kam, etwas zu denken. Und wenn Sie erstaunt sind, dann lassen Sie sich's nur gesagt sein, dass ich noch viel erstaunter bin, dass Mädchen wie die da in einer anständigen Bank arbeiten!*

– *Oh,* – sagte der Direktor ziemlich gleichmütig, – *haben Sie eine Ahnung, welche junge Dame es ist?*

– *Alle, da könnte ich wetten! Die wissen doch alle, was für eine gute Partie mein Benny ist! Frauen sollten eben nicht in Banken arbeiten dürfen: das ist gegen die Natur! Es ist gegen Gottes Gebote! Banken!!! Mancher würde sie anders bezeichnen, wenn Frauenzimmer wie die da nur darauf warten, ihre bemalten Krallen auf den ersten armen Jungen zu legen, den sie erwischen können!*

Das erbitterte den Direktor. Er selbst hatte eine Dame geheiratet, die eine Bankangestellte gewesen war, und er hatte es sehr bereut.

– *Ihr Sohn ist kein Junge, er ist ein erwachsener Mann von einundvierzig Jahren! Und hören Sie mal, Mrs. Spillane! Ihr Sohn wird nie Bankdirektor werden, wenn er nicht bald heiratet. Wäre es da nicht die beste Lösung, wenn er die fragliche junge Dame nimmt?"*

Sie stand auf und fuhr ihn mit einer Stimme an, die halb an eine krächzende Prophetin und halb an eine quietschende hydraulische Presse erinnerte:

– *Lieber will ich ihn in seinem Blut schwimmend zu meinen Füßen sehen, als dass er das Sündenweib heiratet!*

* * *

Ihr Wunsch ging in Erfüllung. Am ersten Tag nach seiner Rückkehr aus Frankreich brach er vor ihr mit einem Kollaps zusammen und spuckte Blut, weil ein Magengeschwür aufgebrochen war. In aller Eile wurde er ins Krankenhaus geschafft. Ehe man mit der Operation begann, brachte man einen Geistlichen zu ihm, und der arme Benny war weder körperlich noch geistig noch strategisch in der Lage, Widerstand zu leisten.

Als er sich von der Operation erholt hatte, war er ein anderer Mensch geworden. Und an dem Tag, als Mrs. Spillane auf der Treppe des Genesungsheims an einer selbstbewussten, geschminkten und seidenbestrumpften Frauensperson vorbeiging, deren Augen vom Weinen fast so rot wie ihre Lippen waren, und als sie danach Bennys Zimmer betrat, wo er aus eigenem freien Willen „Das Leben des Pfarrers von Ars“ las, wusste sie, dass die Mutterliebe endlich gesiegt hatte.

* * *

Seite an Seite saßen sie nun jeden Abend im Erker der kleinen Villa, Mutter und Sohn, während die Sonne langsam ihr Licht aus der Bucht von Dublin abzog. Er ging nur noch aus, wenn es sich um eine Wohltätigkeitsveranstaltung handelte. Als Besucher kamen nur Father Benignus von der Kapuziner-Priorei oder Father Semple aus der Vorstadt oder der Geistliche des Genesungsheims, der ihn bekehrt hatte. Die Sportzeitung wurde verbannt. Kein Buch ließ er ins Haus kommen, das nicht ein Erbauungsbuch war. Als er sah, dass seine Mutter einen Liebesroman las, stand er auf und holte ihr leise lächelnd vom Bücherbord die Lebensbeschreibung eines peruanischen Jesuitenpaters, der sich mit einer Peitsche zu geißeln pflegte, in die alte Rasierklingen eingearbeitet waren. Recht peinlich war es ihr ein anderes Mal, als er etwas früher nach Hause kam, zufällig ein Sofakissen verschob und dahinter eine halbgeleerte Kognakflasche fand.

Er sagte nichts – auch nicht ein paar Abende später, als er mit schlechtem Gewissen wegen früherer Dummheiten die Morgenseite in die Hand nahm, um die Sportseite zu überfliegen. Dabei bemerkte er, dass die an diesem Tag beim Rennen in Hurst startenden Pferde mit Bleistift angekreuzt waren. Da fielen ihm plötzlich auch andere Dinge ein: so auch der Morgen vor etwa einem Jahr, als er auf dem Bücherbord hinter D’Altons sechsbändiger Geschichte Irlands ein Häufchen bunter Wettscheine gefunden hatte und sie eilig und besorgt verbrannt hatte, weil er sie für seine eigenen hielt. Beim Abendessen war dummerweise das Beefsteak ein bisschen zäh, und statt des üblichen Burgunders hatte sie ihm eine schon angebrochene Flasche Bordeaux gebracht. Er zog ein Gesicht, aber sagte nichts, und aus Verlegenheit begann sie schnell und viel zu erzählen:

– *Bin heute nach der Frühmesse der alten Ma Looney über den Weg gelaufen. Widerwärtig: immer muss sie die Menschen schlecht machen und verleumden, die neidische Alte! Weißt Du noch, wie sie mir damals einreden wollte, Du würdest heiraten? Die reinste Eifersucht! Die frisst in ihr! Weißt Du, wie die...*

Früher, als er noch ein unfrommer Mensch gewesen war, hätte Benny ihr mit nachsichtigem Lächeln zugehört. Jetzt aber bemerkte sie, dass er sie so kalt ansah wie eine fremde Frau im Autobus. Sie begann zu stottern, rutschte hin und her und schlug demüig vor, ob er nicht den Hund spazieren führen wolle. Er tat es. Sie machte sich seine Abwesenheit zunutze: – *Schnell, zwei Gläschen!*

Am folgenden Abend, als sie zur Beichte gegangen war, machte er sich ihre Abwesenheit zunutze und durchsuchte das ganze Haus. Er fand zwei leere Kognakflaschen, acht Wettscheine, die Kaufmannsrechnung und die anonymen Briefe. Schweren Herzens legte er alles wieder dorthin, wo er es gefunden hatte.

– *Die arme alte Seele!* – dachte er bei sich, – *In was für ein elendes, einsames, leeres Leben habe ich sie gejagt!*

Als sie am Abend heimkam, hatte er eine neue Flasche Dreistern für sie bereit. Es brauchte sehr viel Überredungskunst, ehe sie „einen winzigen Schlaftrunk" nahm. Von da an begann er, in der Bank nach Tipps für die Pferderennen zu fragen.

– *Du solltest hin und wieder einen Schilling riskieren, Mammi!* – sagte er lachend zu ihr. – *Das ist keine Sünde! Hast doch Deinen Spaß daran!* – Und es machte ihm Freude, dass sie ihm nun jeden Morgen ihren Schilling aushändigte und über ihre eigene Narrheit kicherte – bis zu dem Tag, da sie mit Zehn zu Eins auf einen Außenseiter gewann.

– *Oh, was für ein Pech!* – jammerte sie, – *was für ein Pech, dass ich nicht das Doppelte oder das Zehnfache gesetzt habe!*

Erschrocken dachte er, dass sie früher vielleicht mehr gesetzt hatte, und er verwünschte seine Knauserigkeit.

– *Macht nichts!* – tröstete er sie. – *Ist ja doch alles nur zum Spaß! Du brauchst das Geld ja gar nicht!*

– *Oho! Oho!* – erwiderte sie ärgerlich, – *Geld kann jeder gebrauchen. Der Haushalt kostet heut viel mehr als früher.*

– *Machst Du Dir Sorgen wegen der Rechnungen, Mammi? Soll ich Dir das lieber abnehmen?*

– *Nein, nein, nein!* – rief sie. – *Keine Sorgen! Ach was! Weshalb sollte ich mir denn Sorgen machen?*

Trotzdem ging er am nächsten Morgen auf dem Weg zur Bank beim Kaufmann vorbei. Entsetzt und schmerzlich berührt kam er wieder aus dem Laden. Seit einem halben Jahr waren keine Rechnungen bezahlt worden. Beim Metzger war es die gleiche Geschichte. In der Bank war er den ganzen Morgen zerstreut, so unglücklich machte ihn der Gedanke an das arme alte Würmchen, das Geldsorgen gehabt hatte, während er mit seiner Dame in Paris und Cannes und Biarritz herumkutschiert war. In der Mittagspause ging er betrübt zu Joe Rosenbergs Wettbüro und setzte ihren Schilling auf ein Pferd, das Silbersaum hieß. Joe nahm den Schilling in Empfang, blickte ihn an und sagte:

– *Mr. Spillane, kann ich Sie mal eine Minute sprechen?*

Benny war überrascht, dass der Mann seinen Namen wusste, und beobachtete, wie er mit seiner fetten Hand die Seiten des Kontobuchs umblätterte; es war ihm dabei zumute, als würde ihm der Magen umgekrempelt. Dann las er weiß Gott auf einer

Seite zuoberst den Namen seiner Mutter, und sein Auge flog blitzschnell die Seite hinab bis zur Gesamtsumme unter dem Doppelstrich, und die betrug hundertfünfundzwanzig Pfund und siebzehn Schilling!

– *Dachte mir schon, dass Sie nichts davon wissen,* – sagte Joe nach einem Blick auf Bennys Gesicht. Er trommelte mit seinen dicken Fingern den Trauermarsch und fragte mit schielendem Seitenblick: – *Sie kommen doch dafür auf, nicht wahr?*

– *Natürlich sollen Sie es haben,* – rief Benny und stellte fest, dass kein Einsatz weniger als zwei Pfund betrug, manche lauteten auf drei und fünf Pfund, und sogar ein Zehner grinste ihn an. – *Was war denn das für'n Gaul?* – fragte er bedrückt.

Joe lachte: – *Kann mich noch gut daran erinnern! Das war im vorigen Jahr die Vierjährige aus Billy Morgans Stall!*

– *Du meine Güte!* – rief Benny. – *Die läuft bestimmt immer noch. Übrigens: Sie nehmen es doch auch in Ratenzahlungen von mir? Und, bitte, geben Sie ihr keinen Kredit mehr!*

* * *

Als er wieder in der Bank war, musste er sich setzen. Er befürchtete, sein Magengeschwür würde wieder aufbrechen, als er ausgerechnet Angela sah, wie sie an ihm vorbeisegelte; die schwarzen Nähte ihrer Nylonstrümpfe schwangen so schön wie die Flanken einer Segelyacht, und der Gürtel saß eng über dem knappen Rock. Im Laufe des Nachmittags musste er mit ansehen, wie sie mit dem Kassengehilfen im Glaskasten nebenan flirtete, und ihm wurde schwarz vor Augen.

Am Abend beim Essen, als er seiner Mutter gegenübersaß, hing das Schweigen bedrückend über ihnen. Er wartete, bis sie vor dem Kamin saßen.

– *Mammi,* – fragte er, – *würde es Dich sehr traurig machen, wenn ich mich verheiratete?*

Zu seiner großen Verwunderung blickte sie ihn fröhlich an: – *Aber, mein Herzenskindchen, ich bin doch begeistert! Hoffentlich ist's recht bald?*

Gekränkt erwiderte er: – *Du kannst mich wohl gar nicht schnell genug loswerden?*

– *Ach, woher, Söhnchen, woher denn?* – rief sie und schnupfte hoch. – *Ist ja nur, weil Du im letzten Jahr immer so ernst und streng warst und weil man's Dir nie recht machen konnte.*

– *Was? Streng?* – rief er. – *War ich streng wegen der Kaufmannsrechnungen? Und was sagst Du zu Deinen verwetteten hundertfünfundzwanzig Pfund und siebzehn Schilling bei Joe Rosenberg?*

Sie duckte sich tief in den Sessel und umklammerte ihre verrunzelten Hände.

– *Ach, Benny,* – stammelte sie, – *ist das alles, was Du entdeckt hast?*

Man hätte die ganzen hundertfünfundzwanzig Pfund und siebzehn Schilling in der Zeit bezahlen können, ehe Benny seinen kleinen Mund wieder zumachte.

– *Heiliger Strohsack!* – flüsterte er dann. – *Was ist's denn sonst noch?*

– *Ach, Benny!* – Das Hochschnupfen wurde jetzt zu einem Gejammer. – *Die verdammten alten Geldverleiher sind's doch noch!* – Das Jammern ging in lautes Heulen über, und zwischendurch konnte er hören: – *Ich wünschte, weiß Gott... Du hättest Dich ... längst verheiratet! ... Seit Du so furchtbar fromm geworden bist ... hast Du mir das Leben zur Hölle gemacht! ... Gibst mir Fingerhütchen voll Kognak... Bin doch kein Baby! Und lässt mich um armselige Schilling wetten! Zankst mit mir wegen Geld ... Mach nur so weiter! Quäl mich mit dem Haushaltsgeld! Geh schon!* – heulte sie laut auf, – *Geh und heirate und mach zur Abwechslung mal eine andere arme Frau unglücklich! So wie Du mich unglücklich gemacht hast!*

Bennys Glupschaugen wanderten über die Zimmerdecke; krampfhaft suchte er sie nach einer Antwort ab. Weil er keine fand, suchte er sie an der Bücherwand. Weil er auch dort keine fand, schaute er in den Garten hinaus, in den Abendhimmel. Dann auf den Rasen. Schließlich suchte er in ihrem Gesicht danach. Beim Anblick ihres grämlich verzerrten und verschrumpelten Kindergesichts begann er zu lachen – und lachte und lachte, bis es ihn schüttelte:

– *Oh, zum Himmeldonnerwetter, Mammi,* – lachte er, – *Du bist Gold wert, Du verrückte alte Schachtel!*
Sie umklammerte seine beiden Hände: – *Oh Söhnchen, das ist das erste nette Wort seit Monaten!*
– *Muss schnell was besorgen!* – sagte er.
In fünf Minuten war er wieder da – mit einer Flasche Kognak. Er holte zwei große Gläser, schenkte kräftig ein, drückte ihr eins in die Hand, setzte sich auf die Lehne ihres Sessels, legte ihr den Arm auf die Schulter und stieß mit ihr an. Sie wollte sich sträuben, aber nach zehn Minuten lachten sie beide wie Kinder und sprachen über die Heirat, wie es vernünftige Mütter mit ihren Söhnen in der ganzen Welt tun – Irland ausgenommen.

* * *

Wohlgestärkt setzte er nach einer Stunde den Hut auf und ging zu Angela in deren Pension. Sie trug enge Flanellhosen, und wenn er gewusst hätte, woran er mit ihr war, hätte er ihr eins hinten sanft drauf geklatscht. Stattdessen führte sie ihn in das Besuchszimmer der Pension, schloss die Tür und klatschte ihm eine Ohrfeige. Sie schalt ihn Schuft, Feigling, Weichei, Esel und Muttersöhnchen. Sie fragte ihn, ob er etwa glaube, er könne sie nach Belieben fallen lassen und dann wieder besuchen? Sie sagte ihm, sie würde ihn nie heiraten, und wenn er der letzte und einzige Mann auf der weiten Welt wäre. Sie fragte ihn, ob er etwa dächte, sie sei ein Allerweltsflittchen?

Benny war nicht in der Lage, eine Antwort zu geben. Da klatschte sie ihm noch eine Ohrfeige. Dann brach sie, mit dem Kopf an seiner Schulter, in eine Tränenflut aus.

Um ein Uhr morgens komplimentierte die Pensionsinhaberin den Besucher aus dem Haus hinaus – er war abgekämpft, aber verlobt!

* * *

Heiraten tat er sein Engelchen erst nach fünf Jahren, und nicht, ehe seine alte Mutter gestorben war. Er zählte sechsundvierzig Jahre. Doch als ein Freund ihn hänselte, warum er in so zartem Alter noch heiratete, meinte er:
– *Schließlich muss man doch ein bisschen Rücksicht auf seine Mammi nehmen, oder nicht?*

Bearbeitet nach Sean O'Faolain (1900–1991) aus: *Lügner und Liebhaber.*

Der Klumpen Lehm

Die Geschäftsführerin hatte ihr frei gegeben, sobald der Tee für die Frauen vorbei war und Maria freute sich auf den abendlichen Ausgang. Die Küche war blitzsauber: die Köchin sagte, man könne sich in den großen Kupferkesseln widerspiegeln. Das Feuer brannte hübsch und hell und auf einer der Anrichten standen vier sehr große Rosinenkuchen. Diese Kuchen schienen nicht geschnitten zu sein, doch wenn man näher kam, würde man sehen, dass sie in lange, dicke, gleichmäßige Stücke geschnitten waren, fertig, um beim Tee herumgereicht zu werden. Maria hatte sie selbst geschnitten.

Maria war wirklich ein sehr kleines Persönchen, doch sie hatte eine sehr lange Nase und ein sehr langes Kinn. Sie redete ein bisschen durch die Nase, immer beschwichtigend „Ja, meine Liebe" und „Nein, meine Liebe". Sie wurde immer geholt, wenn die Frauen wegen der Waschzuber in Streit gerieten und immer brachte sie es fertig Frieden zu stiften. Eines Tages hatte die Geschäftsführerin zu ihr gesagt:
– *Maria, Du bist eine echte Friedensstifterin!*
Und die stellvertretende Geschäftsführerin und zwei Personalvertreterinnen hatten das Kompliment gehört. Und Ginger Mooney sagte ständig, wie sehr sie sich mit der dummen Trine anlegen würde, die für die Bügeleisen zuständig war, wenn es da nicht Maria gäbe. Alle mochten doch Maria sehr.

Die Frauen würden ihren Tee um sechs Uhr bekommen und sie würde vor sieben weggehen können. Zwanzig Minuten von Ballsbridge bis zum Pillar, zwanzig Minuten vom Pillar bis Drumcondra und zwanzig Minuten für die Einkäufe. Sie würde vor acht ihr Ziel erreichen. Sie nahm ihre Geldbörse mit den Silberschnallen heraus und las wieder die Worte „A Present from Belfast". Diese Börse mochte sie sehr, denn Joe hatte sie ihr vor fünf Jahren mitgebracht, als er und Alphy an Pfingstmontag eine Fahrt nach Belfast unternommen hatten. In der Börse waren zwei Halbkronenstücke und einige Kupfermünzen. Nach der Bezahlung der Straßenbahn würde sie fünf Schilling übrig haben. Was für ein schöner Abend ihnen bevorstand, mit dem Gesang aller Kinder! Sie hoffte nur, dass Joe nicht betrunken nach Hause kommen würde. Er war so ganz anders, wenn er einen Drink genommen hatte.

Oft hatte er sie aufgefordert, doch zu ihnen zu ziehen, doch da hätte sie sich als störend empfunden (obschon Joes Frau doch überaus nett zu ihr war), und an das Leben in der Wäscherei hatte sie sich gewöhnt. Joe war ein guter Kerl. Sie hatte ihn großgezogen, und auch Alphy. Und Joe pflegte zu sagen:
– *Mama ist Mama, doch Maria ist meine eigentliche Mutter!*
Nach der Auflösung des Haushalts hatten die Jungs ihr die Stelle in der Wäscherei „Dublin by Lamplight" beschafft, und sie gefiel ihr. Früher hatte sie so eine schlech-

te Meinung von den Protestanten gehabt, doch jetzt hielt sie diese für sehr nette Leute, etwas ruhig und ernst, doch im Zusammenleben sehr nett. Und dann hatte sie ihre Pflanzen im Gewächshaus und sie pflegte sie gerne. Sie hatte wunderschöne Farnkräuter und Wachsblumen und jedes Mal wenn irgendjemand sie besuchte, gab sie ihm ein und zwei Ableger aus ihrer Pflanzensammlung. Etwas gefiel ihr nicht, und das waren die religiösen Sprüche an den Wänden. Die Vorsteherin war jedoch im Umgang eine so nette Person, so liebenswürdig.

Als die Köchin ihr sagte, dass alles fertig sei, ging sie in den Aufenthaltsraum der Frauen und läutete die große Glocke. Innerhalb weniger Minuten kam die Frauen zu zweit oder dritt herein, wischten die noch dampfenden Händen an den Unterröcken ab und zogen die Ärmel ihrer Arbeitskittel über die feuchten Arme herunter. Sie setzten sich vor ihre riesigen Krüge, welche die Köchin und das Hausmädchen mit heißem Tee füllten, der bereits mit Milch und Zucker in großen Zinnkannen angerichtet war. Maria überwachte die Verteilung der Rosinenkuchen und sorgte dafür, dass jede Frau vier Stück Kuchen bekam. Während des Essens wurde viel gelacht und gescherzt. Lizzie Fleming sagte, dass Maria bestimmt in ihrem Kuchenstück den Ring bekommen würde, und obgleich Fleming dies schon an so vielen Vorabenden vor Halloween gesagt hatte, musste Maria lachen und erklären, dass sie weder einen Ring noch einen Mann haben wolle; und als sie lachte, sprühten ihre graugrünen Augen vor enttäuschter Schüchternheit und ihre Nasenspitze stieß beinahe auf ihr spitzes Kinn. Dann hob Ginger Mooney ihren Teekrug hoch und brachte einen Trinkspruch auf Marias Wohl aus, während alle anderen Frauen mit ihren Krügen auf den Tisch klopften, und sie sagte, sie habe leider keinen Schluck Portwein, um ihr zutrinken zu können. Und Maria lachte wieder, bis die Spitze ihrer Nase beinahe die Spitze ihres Kinns berührte und bis ihr kleiner Körper beinahe platzte, denn sie wusste, dass die Mooney es gut meinte, obwohl sie natürlich die Begriffe einer einfachen Frau hatte.

Trotzdem war Maria froh, als die Frauen mit dem Tee fertig waren und die Köchin und das Hausmädchen mit dem Abräumen der Teesachen begonnen hatten Sie ging in ihr kleines Zimmer und stellte den Zeiger des Weckers von sieben auf sechs, da sie sich daran erinnerte, dass am nächsten Morgen Messe war. Dann legte sie ihre Arbeitskleidung ab und ihre Hausstiefel, legte ihren besten Rock aufs Bett und daneben am Fuß des Betts ihre winzigen Ausgehstiefel. Sie wechselte auch die Bluse und als sie vor dem Spiegel stand dachte sie daran, wie sie sich als junges Mädchen für die Messe am Sonntagmorgen herausgeputzt hatte; und mit wunderlicher Gemütsbewegung betrachtete sie den kleinen Körper, den sie so oft geschmückt hatte. Trotz ihrer Jahre fand sie, dass es ein hübscher, ordentlicher kleiner Körper war.

* * *

Als sie das Haus verließ glänzten die Straßen im Regen und sie war froh, dass sie ihren alten braunen Regenmantel dabei hatte. Die Straßenbahn war voll und sie musste auf dem kleinen Schemel am Ende des Raums gegenüber allen Leuten Platz nehmen, wobei ihre Zehen kaum den Boden berührten. Sie legte sich im Kopf alles zurecht, was sie zu tun vorhatte, und dachte, wie besser es doch war unabhängig zu sein und sein eigenes Geld in der Tasche zu haben. Sie hoffte, dass es ein schöner Abend werden würde. Sie war sich dessen sicher, doch wurde sie den Gedanken nicht los, wie schade es doch war, dass Alphy und Joe nicht miteinander redeten. Jetzt vertrugen sie sich nicht mehr, obwohl sie als Jungen die besten Freunde gewesen waren. Doch so war das Leben!

Sie stieg aus ihrer Straßenbahn an der Haltestelle Pillar und schlängelte sich schnell durch die Menschenmenge. Sie betrat die Konditorei Downes, doch der Laden war so voller Leute, dass es lange dauerte, bis sie bedient werden konnte. Sie kaufte ein Dutzend gemischter Kuchenteilchen und kam schließlich aus dem Laden mit einem großen Beutel beladen. Dann überlegte sie, was sie sonst noch kaufen sollte. Sie wollte etwas wirklich Nettes kaufen. Sicherlich hatten sie schon viele Äpfel und Nüsse. Es war schwierig, sich einen Kauf auszudenken; es fiel ihr immer nur Kuchen wieder ein. Sie entschied sich für Rosinenkuchen, doch der Kuchen bei Downes hatte nicht genügend Mandelglasur und so ging sie weiter zu einem Geschäft in der Henry Street. Dort brauchte sie sehr lange, bis ihr etwas passte und die elegante junge Dame hinter der Theke, die sich offensichtlich etwas über sie ärgerte, fragte sie, ob sie einen Hochzeitskuchen kaufen wolle. Das ließ Maria erröten und die junge Dame anlächeln, aber diese nahm das alles sehr ernst, schnitt ein dickes Stück Rosinenkuchen, verpackte es und sagte:

– *Zwei und vier, bitte!*

* * *

Maria dachte, sie werde in der Straßenbahn nach Drumcondra stehen müssen, da keiner der jungen Männer von ihr Notiz zu nehmen schien, doch ein älterer Herr machte ihr Platz. Es war ein untersetzter Herr und er trug einen braunen festen Hut. Er hatte ein viereckiges rotes Gesicht und einen grauen Schnurrbart.

Maria dachte, dass der Gentleman ein hoher Offizier gewesen sein musste und sie dachte wie höflicher er doch war als die jungen Männer, die nur vor sich hinstarrten. Der Herr begann ein Gespräch mit ihr über den Vorabend von Halloween und das regnerische Wetter. Er nahm an, dass die Tragetasche mit guten Sachen für die Kleinen gefüllt war und sagte, dass es das Richtige war, dass die Jungen sich amüsierten solange sie jung waren. Maria stimmte ihm zu und bekräftigte seine

Äußerungen mit unterwürfigem Nicken und Räuspern. Er war sehr nett zu ihr, und als sie an der Canal Bridge ausstieg, dankte sie ihm und verbeugte sich und er verbeugte sich zu ihr, zog seinen Hut und lächelte freundlich. Während sie die Terrasse hochging und ihren kleinen Kopf im Regen einzog, dachte sie, wie leicht ein wahrer Gentleman doch zu erkennen war, auch wenn er schon etwas geschluckt hatte.

* * *

Alle sagten: – *Oh, da kommt Maria*! – als sie Joes Haus betrat.

Da war Joe, vom Geschäft nach Hause gekommen, und alle Kinder hatten ihre Sonntagskleider an. Da waren auch zwei große Mädchen aus der Nachbarschaft und

Gesellschaftsspiele waren im Gange. Maria gab die Tasche mit Kuchen dem ältesten Jungen, Alphy, zum Verteilen, und Mrs. Donnelly sagte, wie gütig es doch von ihr sei, so eine große Tüte mit Kuchen mitzubringen, und sie ließ alle Kinder sagen: – *Danke, Maria.*

Doch Maria sagte, sie habe etwas Besonderes für Papa und Mama mitgebracht, was ihnen bestimmt gefallen würde, und sie begann nach dem Rosinenkuchen zu suchen. Sie schaute nach in der Tüte von Downes, dann in den Taschen ihres Regenmantels, dann am Kleiderständer in der Diele, aber konnte ihn nirgends finden. Dann fragte sie die Kinder, ob eines von ihnen ihn gegessen habe – natürlich aus Versehen – doch alle Kinder sagten nein und machten ein Gesicht, als ob sie nicht gerne Kuchen essen würden, wenn man sie des Diebstahls beschuldigte. Jedermann hatte eine Lösung für das Unerklärliche, und Mrs. Donnelly sagte, dass es klar sei, dass Maria das in der Straßenbahn liegen gelassen habe. Maria, die sich daran erinnerte, wie sehr der Gentleman mit dem grauen Schnurrbart sie verwirrt hatte, errötete vor Scham, Verärgerung und Enttäuschung. Und bei dem Gedanken an die fehlgeschlagener Überraschung und an die zwei Schilling und vier Pennys, die sie für nichts weggeworfen hatte, brach sie beinahe in Tränen aus.

Aber Joe sagte, das mache doch gar nichts aus, und bot ihr den Platz am Kamin an. Er war sehr nett zu ihr. Er erzählte ihr, was alles im Büro passierte, und wiederholte für sie eine witzige Antwort, die er dem Manager gegeben hatte. Maria verstand nicht, weshalb Joe so sehr über die Antwort lachte, die er von sich gegeben hatte, doch sagte sie, dass der Manager wohl eine sehr arrogante Person im Umgang gewesen sein müsse. Joe sagte, so schlimm sei er nicht, wenn man wisse, wie man ihn nehmen müsse, dass er ein anständiger Mensch sei solange man ihm nicht in die Quere komme. Mrs. Donnelly spielte Klavier für die Kinder und sie tanzten und sangen. Dann reichten die zwei Nachbarsmädchen die Nüsse herum. Niemand konnte den Nussknacker finden und Joe wurde deswegen fast bitterböse und fragte, wie man denn von Maria das Nussknacken ohne einen Nussknacker erwarten konnte. Maria sagte, dass sie gar keine Nüsse mochte und man sich ihretwegen keine Mühe machen solle. Dann fragte Joe sie, ob sie eine Flasche Bier haben wolle und Mrs. Donnelly sagte, dass man auch Portwein im Hause habe, wenn sie das vorziehe, doch Maria sagte, man solle ihr lieber gar nichts anbieten, doch Joe gab nicht nach.

Also ließ Maria ihn gewähren, und man saß am Kamin und erzählte von den alten Zeiten, und Maria dachte, sie sollte ein gutes Wort für Alphy einlegen. Doch Joe schrie, dass Gott ihn auf der Stelle totschlagen solle, wenn er jemals noch auch nur ein Wort an seinen Bruder richten würde und Maria sagte, es täte ihr leid, das Thema erwähnt zu haben. Mrs. Donnelly sagte ihrem Mann, was für eine große

Schande es sei, so von seinem eigenen Fleisch und Blut zu reden, aber Joe sagte, dass Alphy nicht sein Bruder sei, und deswegen kam es fast zum Streit. Doch Joe sagte, wegen dieses besonderen Abends lasse er sich nicht die gute Laune verderben und bat seine Frau, ein weiteres Bier aufzumachen. Die Nachbarsmädchen hatten einige Halloween Eve Spiele arrangiert, und bald war alles wieder fröhlich. Maria war entzückt, die Kinder so fröhlich und Joe und seine Frau in so guter Laune zu sehen. Die Nachbarsmädchen hatten einige Untertassen auf den Tisch gestellt und führten dann als Blindekuh die Kinder zum Tisch. Eine bekam das Gebetbuch und die anderen drei bekamen Wasser; und als eines der Nachbarmädchen den Ring bekam, drohte Mrs. Donnelly dem errötenden Mädchen mit dem Finger, als wollte sie sagen: „Ich weiß doch schon alles!" Dann bestand man darauf, auch Maria eine Binde um die Augen zu legen und sie zu dem Tisch zu führen, um zu sehen, was sie bekommen würde. Während man ihr die Binde umlegte, lachte Maria, und sie lachte wieder, bis die Spitze ihrer Nase beinahe ihr spitzes Kinn berührte.

Unter Lachen und Scherzen wurde sie zum Tisch geführt und dann streckte sie die Hand in die Luft, so wie es ihr gesagt wurde. Ihre Hand bewegte sich in der Luft hierhin und dorthin und landete dann auf einer Untertasse. Sie fühlte mit ihren Fingern eine weiche, feuchte Masse und war überrascht, dass niemand etwas sagte oder ihr die Binde abnahm. Es entstand eine Pause von einigen wenigen Sekunden, und dann gab es viel Herumgerenne und Geflüster. Jemand sagte etwas vom Garten, und schließlich sagte Mrs. Donnelly etwas Bitterböses zu einem der Nachbarsmädchen und sagte ihr, dass sie es sofort hinauswerfen solle: das sei kein Spaß. Maria verstand, dass dieses Mal etwas schief gelaufen war, und so musste sie alles wiederholen und bekam dieses Mal das Gebetbuch. Danach spielte Mrs. Donnelly für die Kinder den Reigentanz von Miss McCloud und Joe drängte Maria ein Glass Wein auf. Bald waren alle wieder recht fröhlich und Mrs. Donnelly sagte, dass Maria vor Jahresende in ein Kloster eintreten werde, da sie ein Gebetbuch bekommen habe. Maria hatte noch nie Joe so freundlich erlebt wie an diesem Abend, so entgegenkommend im Gespräch und voller Erinnerungen. Sie sagte, dass alle so gut zu ihr seien.

Schließlich wurden die Kinder müde und schläfrig und Joe fragte Maria, ob sie nicht vor dem Weggehen ein Liedchen singen wolle, eines der alten Lieder. Mrs. Donnelly sagte: – *Bitte, Maria, sing' es!*

Also musste Maria aufstehen und sich neben das Klavier stellen. Mrs. Donnelly hieß die Kinder still zu sein und Marias Lied sich anzuhören. Dann spielt sie das Vorspiel und sagte: – *Jetzt, Maria!* – und Maria errötete sehr und begann mit winziger, zittriger Stimme zu singen.

Sie sang „I Dreamt that I Dwelt", und als sie zur zweiten Strophe kam, wiederholte sie:

I dreamt that I dwelt in marble halls
With vassals and serfs at my side
And of all who assembled within those walls
That I was the Hope and the Pride.

I had riches too great to count, could boast
Of a high ancestral name,
But I also dreamt which pleased me most,
That you loved me still the same.[4]

Doch niemand versuchte sie auf ihren Fehler hinzuweisen, und als sie ihr Lied beendet hatte, war Joe sehr gerührt. Er sagte, keine Zeit sei mit der guten alten Zeit zu vergleichen und keine Musik mit jener des guten alten Balfe, was immer die Leute auch sagen mochten; und seine Augen füllten sich so sehr mit Tränen, dass er nicht imstande war, das zu finden, was er suchte, und er schließlich seine Frau bitten musste, ihm zu sagen wo der Korkenzieher war.

James Joyce (1882–1941): *Clay.* Aus: *Dubliners.*

4 Ich träumte, dass ich wohnte in Marmorhallen
Umgeben von Dienern und Vasallen
Und dass ich Hoffnung und Stolz war von allen
Die dort zusammen kamen.

Ich hatte der Reichtümer unzählig viel
Und rühmte mich hoher Vorfahren,
Doch ich träumte auch, was mir am besten gefiel,
dass trotz allem Du mich liebtest...

Der letzte Bus zur Weihnacht

– *Beeil Dich, Michael! Bring bitte zwei rote Kerzen rüber, aber schnell!*
– *Noch mehr Erdbeermarmelade wird gebraucht, Michael! Zwei Gläser! Und Rosinen: vier Tüten!*
– *Michael Daly! Ich warte schon ewig auf die Schnüre! Wie soll ich denn das Gemüse für den Kunden hier zusammenbinden ohne ein einziges Band?*

Michael griff eine Hand voll Schnüre aus dem Kasten in der Ecke hinter den Keksdosen und rannte damit zu Mr. Coughlan. Er brachte gleichzeitig die Marmelade und die Rosinen zu Peter Cadogan und rollte die Kerzen über die Ladentheke zu Jim Reardon. Dann kehrte er wieder zurück zu seiner Aufgabe, Papiertüten mit einem halben Pfund Zucker zu füllen.

Michael war der Laufbursche und eines Tages, wenn er nur fleißig arbeitete und sich immer vorbildlich benahm, würde er Mr. Coughlans Gehilfe werden. Das hatte man ihm versprochen.

– *Das ist eine große Chance für ein Waisenkind!* – hatte Mr. Coughlan ihn belehrt. – *Du solltest dafür dankbar sein.*

Michael war ihm auch dankbar. Er hatte vor sich hingepfiffen und gesummt, als er die farbigen Papiergirlanden aufgespannt und das Ladenfenster mit Lametta und künstlichen Stechpalmen geschmückt hatte. Als er aber die vielen Frauen sah, die den Raum jenseits der Theke bevölkerten und ihre Tüten und Taschen mit Weihnachtssachen füllten, da schlug seine Laune plötzlich um. Er kaute auf ein paar Rosinen herum und starrte durch die offene Tür hinaus in den Graupelschauer.

– *Jedermann geht zu Weihnachten nach Hause, nur ich nicht,* – dachte er.

Die Coughlans verbrachten den Weihnachtsabend immer bei Verwandten. Mrs. Coughlan ließ Michael eine Menge zu essen da und Mr. Coughlan schenkte ihm einen Schilling.

* * *

– *Nur noch zwei Stunden,* flüsterte Peter Cadogan ihm zu, als Michael ihm die Keksdosen und die Päckchen mit einem halben Pfund Speck brachte, immer so schnell, wie Mr. Coughlan den Nachschub schneiden konnte.

– *Noch zweimal Zucker, Michael!* – rief Jim Reardon. – *Wo steigst Du in den Bus?*

Jim war neu hier im Laden. Er wusste noch nicht, dass Michael ein Waisenjunge war, und Michael schämte sich, ihm zu sagen, dass er kein Zuhause hatte, wo er Weihnachten feiern konnte.

– *Aston's Quay*, – murmelte er als Antwort.
– *Dann können wir zusammen gehen*, – rief Jim ihm über die Schulter zu. – *Ich habe meine Tasche schon da unter der Theke. Hol' Deine dann rechtzeitig!*

Als Michael das nächste Mal Kerzen und Rosinen brachte, fragte der neue Gehilfe, wann denn Michaels Bus führe.

– *Ich schaff es gerade noch, wenn ich renne*, – sagte Michael.
– *Dann hol' Deine Tasche, Junge! Hol' Deine Tasche!*

Michael schlüpfte durch die Tür, die ins Haus führte. Er rannte zu dem dunklen Verschlag unter der Treppe. Er wagte nicht, das Licht anzumachen. Mrs. Coughlan würde dann wissen wollen, was er hier tat. Und er würde ganz schön dumm dastehen, wenn sie herausfand, dass er vorgab, nach Hause zu gehen, um Weihnachten zu feiern.

– *Nach Hause!* – sagte Michael zu sich selbst. – *Das ist doch der Ort, wo die Familie herkommt. Meine Leute kamen von Carrigasheen.*

Er wickelte seine paar Sachen in einen alten Regenmantel und war wieder im Laden, bevor Mr. Coughlan ihn vermissen konnte.

– *Hi, Michael! Geh mir mal zur Hand mit dieser Speckseite. Ich habe niemals so viel Speck geschnitten wie heute Abend!*

Michael schob sein Bündel unter die Theke und eilte zu Hilfe.

– *Ist es nicht prima, Weihnachten zu Hause zu feiern?* – rief Peter, als sie die Ladentür schlossen, damit nicht noch mehr Kunden hineinströmen konnten.
– *Ist es nicht schrecklich, dass man sich selbst beim Geldverdienen schinden muss?* – seufzte Mr. Coughlan.

Aber Mrs Coughlan wartete bereits auf ihn mit ihrem schicken Hut und dem pelzbesetzten Mantel.

– *Ich kann Euch Jungs doch vertrauen, dass Ihr die Ladentür verriegelt und dann selbst durch die Seitentür weggeht, ja?* – fragte Mr. Coughlan.
– *Natürlich, Sir!* – antworteten Peter und Jim gleichzeitig.

Der letzte Kunde wurde gerade bedient.

– *Fertig!* – schrie Peter.
– *Komm gut nach Hause!* – riefen Jim und Michael ihm nach.

Dann rannte Jim den Quay herunter, Michael stolperte hinter ihm her, seine Tasche schlug ihm gegen die Beine, der offene Mantel flatterte im Wind. Sie hasteten den Burgh Quay entlang, schubsten die Leute, die auf den Bus nach Bray warteten, zur Seite und rannten dann rüber zum Aston's Quay.

– *Da ist mein Bus!* – rief Jim.
– *Er ist rappelvoll*, – murmelte Michael. Jim tat ihm leid. Aber vielleicht kam er ja mit ihm in den Laden zurück, wenn er nicht mehr in den Bus hineinpasste, und dann könnten sie zusammen Weihnachten feiern.

Der Bus fuhr an. Jim sprang auf, der Schaffner packte seinen Arm und zog ihn hinein. Jim drehte sich noch einmal um, mit einem Lachen in seinem roten runden Gesicht und winkte Michael zu. Jim würde zwar die ganze Strecke im Bus stehen müssen, aber das war er gewöhnt.

Zwei Warteschlangen waren noch da. Michael stellt sich an der längeren an.

– *Wohin fahren Sie, junger Mann?* – fragte eine rundliche Bauersfrau hinter ihm, die an der einen Hand ein mageres kleines Mädchen und in der anderen vier dicke Bündel hielt.

– *Carrigasheen!* – gab Michael stolz zur Antwort.

– *Aha! Hab zwar von dem Ort noch nie gehört, doch Sie werden dort sicher zur Weihnacht willkommen sein. Da kommt der Bus!*

– *Warten Sie, ich helfe Ihnen mit Ihrem vielen Gepäck,* – sagte Michael höflich.

Alle Sitze im Bus waren bereits besetzt, doch immer mehr Leute quetschten sich noch hinein. Michael erreichte die Einstiegsplattform.

– *Nur noch eine Person, einer nur noch!* – rief der Schaffner.

– *Los, hinein mit Ihnen!* – sagte Michael und trat selbst zurück.

Das kleine Mädchen passte gerade noch hinein. Michael schob schnell die Bündel hinterher. Alle im Bus waren empört, als der Schaffner die dicke Frau zurückstoßen wollte.

– *Sie können doch nicht das Kind von seiner Mutter trennen!* – rief ein hagerer Mann verärgert, – *Haben Sie denn kein christliches Mitgefühl?*

– *Kann die Kleine nicht auf meinem Schoß sitzen?* – fragte die Bauersfrau, – *Schieben Sie mich nur kräftig, junger Mann. Und Gott segne Sie!*

Michael griff ihr unter die Arme und sie konnte das Geländer gerade noch fassen. Dann fuhr der Bus los. Michael blieb zurück und schaute ihm nach.

– *Jetzt bleibe nur ich zurück!* – sagte er zu sich und vergaß dabei, dass er eigentlich gar keinen Anlass hatte, Dublin zu verlassen.

Ein heftiger Regenguss, der sein Gesicht kühlte, brachte ihn zurück in die Wirklichkeit. Er konnte zurückgehen in das verlassene Haus hinter dem Laden. Dort wartete sein Essen auf ihn auf dem Küchentisch. Er konnte Feuer im Herd machen und dann ein Buch lesen. Die Quays lagen jetzt verlassen da. Ein langer Polizist schlenderte vorbei. Verwundert schaute er Michael mit seinem Bündel in der Hand an.

– *Bus verpasst, Junge?*

– *Er war überfüllt,* – erklärte Michael.

– *Das ist Pech,* – sagte der Polizist mitfühlend. – *Kannste nicht zurück, von wo Du gekommen bist?*

Michael nickte. – *Ich sollte besser mal etwas zu Abend essen,* – dachte er, blieb aber immer noch stehen.

Über die alte Metal Bridge kam eine eigenartige alte Kutsche, die von zwei Pferden gezogen wurde. Der Kutscher war in einen riesigen Mantel gehüllt, sein Hut mit breiter Krempe war tief über seine Augen gezogen. Er schwang eine Peitsche und hätte damit Michael beinahe getroffen.

Der Junge sprang zur Seite, die Kutsche sah irgendwie unheimlich aus. Der Kutscher bückte sich und öffnete geschickt mit der Peitsche die Tür an der Rückseite der Kutsche.

– *Hinein mit Dir! Letzter Bus zur Weihnacht!*

– *Wer hat schon einen Bus mit Pferden davor gesehen?* – dachte Michael. – *Aber vielleicht werden zu Weihnachten zusätzlich die alten Klapperkästen wieder hervorgeholt.* Er zögerte noch.

– *Den ganzen Weg nach Carrigasheen, ohne Halt!* – rief der Kutscher.
Michel sah drinnen schön gepolsterte Sitze; auf dem Boden lag frisches Heu. Der Wind blies ihm ins Gesicht, immer stärker und kälter. Er schaut noch einmal über den verlassenen Quay, dann gab er sich einen Ruck und kletterte über das eiserne Trittbrett in die Kutsche.

Die Tür fiel sofort ins Schloss. Der Kutscher gab einen Befehl und die Pferde galoppierten über die Pflastersteine davon. Die Kutsche rumpelte und schwankte. Michael wollte sich auf dem Sitz ausstrecken, rutschte jedoch ab und lag auf der dicken Schicht von frischem Heu. Er schob sein Bündel unter den Kopf und dann schlief er trotz der schnellen Fahrt etwas ein.

Ein starker Stoß weckte ihn wieder. – *Himmel, ich habe gar nicht nach dem Preis gefragt*, – sagte er zu sich selbst. – *Scheint ein langer Weg zu sein. Der Kutscher wird sicher zehn Schilling berechnen. Aber die hab' ich nicht. Ich habe nur zwei neue Halbkronenstücke. Davon kann er eines haben, aber keinen Penny mehr!*

Er versuchte aufzustehen, doch die Kutsche schaukelte so sehr, dass er sich wieder setzen musste.

– *Mister! Mister!* – rief er – *Was kostet die Fahrt?*

Das Holpern der Kutsche und das Klappern der Pferdehufe waren so laut, dass er kaum seine eigenen Worte hören konnte. Er musste es dem Kutscher sagen.

– *Ich zahle keinen Penny mehr als eine halbe Krone*, – schrie er. – *Hören Sie mich?*

Da wurde die Kutschentür aufgestoßen, Michael wurde hinausbefördert, sein Bündel flog hinterher. Er landete auf einer schneebedeckten Böschung.

* * *

Die Straße führte in vielen Windungen hinaus in die Berge. Der Mond war aufgegangen und schien auf den verlassenen Weg. Der Sturm hatte sich gelegt, doch jetzt begann es zu schneien.

In der Ferne konnte er einen eigenartigen Ton hören, der immer näher kam. Da erkannte Michael die Melodie: Jemand sang mit einer brüchigen Stimme das Lied „Herbei, all ihr Gläubigen". Der Sänger kam näher. Es war ein alter Mann mit einem schweren Sack auf dem Rücken.

– *Was sitzt Du da im Schnee, junger Mann, zu dieser späten Stunde?* – fragte er und ließ den Sack zu Boden gleiten.

– *Ich bin mit der Kutsche von Dublin gekommen*, – antwortete Michael und stand auf.

Er schämte sich zu sagen, dass er aus der Kutsche hinausgeworfen worden war. Der Fremde schob seine zerschlissene Kappe zurück und kratzte sich am Kopf.

– *Aber auf dieser Straße ist doch seit Menschengedenken keine Kutsche mehr vorbeigekommen!* – erklärte der Alte. – *Es gibt eine Busroute auf der anderen Seite des Berges. Der letzte Bus ist dort vor zwei Stunden gefahren. Ich nehme an, Du bist damit gekommen. Wo wolltest Du denn hin?*

– *Kann sein, dass ich damit gekommen bin!* – erklärte Michael ausweichend. – *Ich wäre Ihnen dankbar, wenn Sie mir sagen könnten, ob ich hier richtig bin auf dem Weg nach Carrigasheen?*

Das war nicht gerade höflich, doch der Alte war keineswegs verärgert.

– *Siehst Du die Baumgruppe dort oben, wo die Straße in eine Kurve geht? Dort liegt Carrigasheen! Ich will auch dorthin, und Deine Begleitung würde mich freuen. Bis Du also auch auf dem Weg nachhause, um Weihnachten zu feiern? Ich kenne alle Leute in der Gegend, aber Dich habe ich noch nie gesehen. Wie heißt Du denn?*
– *Michael Daly.*

Der alte Mann starrte ihn an:
– *Meines Wissens gibt es keine Dalys in Carrigasheen. Doch wir können auf unserem Weg ja noch darüber sprechen. Ich heiße Paudeen Caffrey.*

Michael nahm den Sack des Alten auf; er war zwar kräftig, doch dieser Sack kam ihm verdammt schwer vor. Er wunderte sich, wie es der Alte geschafft hatte, diesen Sack zu tragen. Paudeen Caffrey nahm das Bündel des Jungen und sie marschierten los.

Der Schnee rieselte auf sie und auf ihre Lasten. Doch sie merkten es kaum, denn Michael erzählte dem Alten alles über sein Leben.
– *So, Du bist also ein armer Waisenjunge!* – stellte der Alte fest.
– *Ja, das bin ich.*
– *Du hast weder Eltern noch Geschwister.*
– *Keine Seele!*
– *Und was sind das für Leute, für die Du in Dublin arbeitest?*
– *Eigentlich sind sie ganz in Ordnung!* – erklärte Michael. – *Der Chef will mich nächstens zum Gehilfen befördern.*
– *Nehmen wir einmal an,* – fing nach einer Pause der Alte wieder an, – *Du hättest die Chance, Gehilfe zu werden bei einem alten Mann und seiner Frau, die dringend einen Helfer brauchen in ihrem Laden... immer nur angenommen! ...Du hättest ein eigenes Zimmer mit zwei Fenstern, eines mit Blick auf den Marktplatz, das andere auf die Berge hinaus... drei gute Mahlzeiten am Tag und zehn Schilling in der Woche. Was würdest Du zu so einem Angebot sagen?*

Er schaute Michel von der Seite an und dieser erwiderte seinen Blick.
– *Wenn ich mich recht erinnere, dann könnte das der Laden an der Ecke neben der Post sein.*
– *Stimmt!* – sagte der Alte.
– *Jetzt fällt es mir wieder ein,* – sagte der Junge. – *Mein Vater hat mir einmal gesagt, wenn ich einen Freund bräuchte, sollte ich an Paudeen Caffrey schreiben.*
– *Und warum hast Du das nie getan, mein Junge, warum nicht?*

Weil ich mich geschämt habe, denn meine Mutter hat mir erzählt, dass, als wir weggezogen sind, sie gesagt hat, sie wollte in Dublin ihr Glück versuchen, um später in einer Kutsche heimzukehren. Da lachte der Alte:
– *Und bist Du nicht in einer Kutsche zurückgekommen?! Aber da sind ja schon die ersten Lichter von Carrigasheen! Kommst Du mit mir nach Hause, Michael Daly?*
– *Wenn Sie mich mitnehmen wollen.*

Der alte Mann lachte still vor sich hin. Dann sagte er:

– *Wenn ich mir das vorstelle! Da schleppe ich einen Sack Kartoffeln und komme zurück mit einem Jungen, der im Laden hilft. War das nicht wunderbar, dass Du noch den letzten Bus zur Weihnacht erwischt hast?*

– *Das war es ganz bestimmt!* – rief Michael aus.

Er konnte schon den Laden sehen. Die Tür stand offen und eine alte Frau schaute heraus. Auf der Wand sah er den Widerschein eines Kaminfeuers, er sah Heiligenbilder mit Stechpalmen umkränzt und eine große Weihnachtskerze auf dem Tisch, die nur darauf wartete, dass der Jüngste im Hause sie anzündete.

Bearbeitet nach Patricia Lynch (1894–1972): *Last Bus for Christmas.* Aus: *Strangers at the Fair and other Stories*, Penguin Book, London 1949.

DIE WELT IN ERZÄHLUNGEN

Herausgegeben von
Otto Anton Schmidt

ISSN 2192-5054

Band 1
Schmidt, Otto Anton – Schmidt, Ruth (Übers.) – Hainlein, Gerhard (Illustr.)
Die Mützenjäger und andere Geschichten aus Frankreich
2010. 88 S. m. zahlr. Illustrationen – 170 × 220 mm. Kartoniert
€ 12,00 ISBN 978-3-89913-777-4

Band 2
Schmidt, Otto Anton – Schmidt, Ruth (Übers.) – Hainlein, Gerhard (Illustr.)
Der Krug und andere Geschichten aus Italien
2011. 92 S. m. zahlr. Illustrationen – 170 × 220 mm. Kartoniert
€ 12,00 ISBN 978-3-89913-830-6

Band 3
Suchland, Klaus-Henning (Übers. u. Komm.)
Die Abenteuer des Odysseus und andere Geschichten aus Griechenland
2011. 72 S. m. 16 Farbabb. – 170 × 220 mm. Kartoniert
€ 12,00 ISBN 978-3-89913-869-6

Band 4
Schmidt, Otto Anton – Schmidt, Ruth (Übers.) – Hainlein, Gerhard (Illustr.)
Der Schuss in den Kamin und andere Geschichten aus England
2011. 76 S. m. 18 Illustrationen – 170 × 220 mm. Kartoniert
€ 12,00 ISBN 978-3-89913-880-1

Band 5
Schmidt, Otto Anton – Schmidt, Ruth (Auswahl und Bearbeitung) – Hainlein, Gerhard (Illustr.)
Meine erste Liebe und andere Geschichten aus Deutschland
2012. 80 S. m. 29 Illustrationen – 170 × 220 mm. Kartoniert
€ 12,00 ISBN 978-3-89913-901-3

Band 6
Schmidt, Otto Anton – Schmidt, Ruth (Übers.) – Hainlein, Gerhard (Illustr.)
Eine Frage des Muts und andere Geschichten aus den USA
2012. 101 S. m. 17 Illustrationen – 170 × 220 mm. Kartoniert
€ 12,00 ISBN 978-3-89913-929-7

Band 7
Schmidt, Otto Anton – Schmidt, Ruth (Übers.) – Hainlein, Gerhard (Illustr.)
Am Ende der Tage und andere Geschichten aus Spanien
2013. 86 S. m. 24 Illustrationen – 170 × 220 mm. Kartoniert
€ 12,00 ISBN 978-3-89913-959-4

Band 8
Schmidt, Otto Anton – Schmidt, Ruth (Übers.) – Hainlein, Gerhard (Illustr.)
Der glückliche Prinz und andere Geschichten aus Irland
2013. 82 S. m. 25 Illustrationen – 170 × 220 mm. Kartoniert
€ 12,00 ISBN 978-3-89913-994-5

ERGON VERLAG

Zeitfracht Medien GmbH
Ferdinand-Jühlke-Straße 7
99095 Erfurt, Deutschland
produktsicherheit@kolibri360.de